上海大学史话

曾文彪 编著

上海大学出版社
·上海·

图书在版编目(CIP)数据

上海大学史话/曾文彪编著.—上海:上海大学出版社,2019.5(2020.7重印)
ISBN 978-7-5671-3557-4

Ⅰ.①上… Ⅱ.①曾… Ⅲ.①上海大学-校史 Ⅳ.①G649.285.1

中国版本图书馆 CIP 数据核字(2019)第 083665 号

责任编辑　刘　强
封面设计　柯国富
技术编辑　金　鑫　钱宇坤

上海大学史话

曾文彪　编著

上海大学出版社出版发行
(上海市上大路 99 号　邮政编码 200444)
(http://www.shupress.cn　发行热线 021-66135112)
出版人　戴骏豪

*

南京展望文化发展有限公司排版
江阴金马印刷有限公司印刷　各地新华书店经销
开本 787mm×960mm　1/16　印张 10.75　字数 144 千
2019 年 5 月第 1 版　2020 年 7 月第 2 次印刷
ISBN 978-7-5671-3557-4/G・2939　定价 38.00 元

前　言

现在的上海大学是 1994 年 5 月由上海工业大学、上海科学技术大学、上海大学、上海科技高等专科学校合并组建而成的,并于 1996 年被列为国家"211 工程"重点建设高校、2017 年入选教育部一流学科建设高校。历史上,与现在的上海大学有关联,且也称作"上海大学"的高等学府有过两所:一所是 20 世纪 20 年代的上海大学,我们现在把它称作"老上大";还有一所是在 1983 年由五所上海高校分校和上海市美术学校合并衍生的上海大学,我们现在把它称作"原上大"。前后三所上海大学连同上海工业大学、上海科学技术大学、上海科技高等专科学校,既有精神传承,又血脉相连。

老上大诞生于 1922 年国共合作的大革命时期,它是一所由中国国民党与中国共产党合作创办并由中国共产党为主导的革命学校,曾被誉为"武黄埔,文上大","北有五四的北大,南有五卅的上大","红色学府"。1927 年蒋介石策动四一二反革命政变,老上大随即被国民党当局封闭。它的存世时间不长,但为中华民族复兴事业培养了大批英才,在中国近现代史和中国高等教育史上留下了辉煌的一页。今天的上海大学与老上大，虽然没有直接的渊源关系，但在办学精神、治学理念、教育方法等方面有着诸多相同之处，是老上大精神的继承者、传播者和弘扬者。

时光如流水，大地如磐石。1994年的5月27日——"上海解放日"，上海人民又把"上海大学"的校名赋予新上大。如今的上海大学已是一所国内外知名的综合性大学，涵盖了理学、工学、文学、历史学、哲学、经济学、管理学、法学、艺术学等学科门类，设有26个学院、1个学部（筹）和2个校管系，包含了82个本科专业、42个一级学科硕士学位授权点、15种硕士专业学位类别、24个一级学科博士学位授权点、8个交叉学科博士点以及19个博士后科研流动站。上海大学拥有一支国际化程度较高、德才兼备的师资队伍，并已在多数学科领域集聚了一批有学术影响力的学科团队。学校现有专任教师3 000余人，其中教授680人、副教授1 087人，包括中国工程院院士6人、外籍院士10人、遴选产生的各类国家级杰出人才49人和市级杰出人才153人。上海大学是国家重要的科研创新基地。学校建有14个国家级重点学科、重点实验室和研究中心，还建有49个市级重点学科、重点实验室和研究中心、决策咨询中心。上海大学是国家重要的人才培养基地。学校现有研究生近17 000人、全日制本科生20 000余人，还有成人教育学历生近20 000人。上海大学是我国对外开放、广泛开展国际交流与合作的重要窗口。学校已与46个国家或地区的186所大学、机构签署了合作协议；在校内建有4个中外合作办学学院，在海外建立了5所孔子学院；近年来，每年来校就读的外国留学生达4 000多人，其中学历生超过一半。上海大学基础设施建设堪称国内一流。校园占地面积近200万平方米，校舍建筑面积132万平方米；图书馆建筑面积5.4万平方米，馆藏图书405万余册，订购纸质报刊1 828种、电子文献数据库73种，含电子刊物6.4万种、电子书515万种；校园网以建设智慧校园为目标，为教育教学、科学研究、高效管理、师生服务提供了完善的信息化服务体系；体育场馆设施先进，功能完备；还建成了一批先进的教学实验中心和多媒体教室。上海大学一贯重视党的建设与精神文明建设。学校于 1998 年荣获"全国党的建设和思想政治工作先进高等学校"称号,2007 年荣获"全国教育纪检监察先进集体"称号,2011 年被命名为"上海市廉政文化示范点";此外,2009 年被评为"全国精神文明建设工作先进单位",2011 年、2015 年两度被评为"全国文明单位",2017 年荣获首届"全国文明校园"称号。如今的上海大学广大师生秉持"自强不息","先天下之忧而忧,后天下之乐而乐"的校训,弘扬"求实创新"的校风,深入学习和践行钱伟长教育思想,抓住机遇,锐意改革,正朝着"成为世界一流特色鲜明的综合性研究型大学"而努力。

回首历史沧桑,上海大学虽说没有厚沉的家谱、如林的胜迹、辉煌的纪念建筑,然而却一直置身于上海涌动的社会变革和经济发展浪潮之中浮沉起伏。在近代中国,时代的变迁与社会的重构,使上海人形成了独特的社会人格,这种人格延展到教育、科技、文化、艺术及其生活的方方面面,最终成为"海纳百川,追求卓越,开明睿智,大气谦和"的上海城市特质。上海大学生于斯,长于斯,深深打上了"海派"烙印,业已成为上海高等教育发展的一个缩影。

本书着眼历史事实,以理性的叙述,描述了上海大学在党的领导下,经过阶段性推进所取得的历史性交变,客观地勾勒了新时期上海大学改革与发展的清晰轨迹,审视了上海大学师生艰苦奋斗、自强不息、敢为人先、追求卓越的探索实践之路。但是本书毕竟不是校志,不是百科全书,并非探求上海大学所有领域奥秘的万能钥匙,只是力求以时代的感悟,将最值得世人称道和回味的历史事件记录下来,化纷繁为简约,窥一斑而知全貌,或许能成为普通读者洞悉上海高等教育乃至中国高等教育发展之路的一种新读本。

相信读者不仅可以比较清晰地看到上海大学的过去,更可以展望上海大学未来的走向。社会在发展,时尚的风标在旋转,构成大学声望的元素越来越丰富,但永远不变的是上大人恪守的精神:"自强不息。"上海大学的神韵犹如襟江带海的黄浦江：当它滚滚东去与万里长江汇集于入海口时，虽然没有黄河壶口瀑布那样的夺人气势，也没有长江三峡那样的岸壁如斧、白浪横起，但其不息的江流之下，深伏着蓄积已久的能量和入海之前的澎湃之情，这份能量与激情正发自现今五万余名上大师生和二三十万奋斗在各行各业的上大校友！

目 录

第一章　青云发轫 ··· 1
　　国共协力　共建上大 ····································· 3
　　弄堂大学　声名洋溢 ····································· 9
　　北有北大　南有上大 ···································· 15
　　武有黄埔　文有上大 ···································· 24
　　红色学府　鹤鸣九皋 ···································· 30

第二章　继往开来 ·· 43
　　科大：院市共建　所系结合 ······························ 45
　　科专：七易校名　特色不变 ······························ 52
　　美院：几经沉浮　终成第一 ······························ 56
　　工大：勤俭办学　自强不息 ······························ 61
　　上大：七校联合　改革为先 ······························ 70

第三章　争创一流 ·· 75
　　合并四校　瞄准世界一流 ································ 77
　　拆除壁垒　重建学科架构 ································ 82
　　力推三制　培养全面的人 ································ 91

　　　　破解难题　革新人事制度 …………………………………… 99
　　　　适逢其会　跻身211工程 …………………………………… 104
　　　　别具匠心　营造现代校园 …………………………………… 109
　　　　确立钱伟长教育思想 ………………………………………… 115

第四章　校园名人 ……………………………………………… 121
　　　于右任 ……………………………………………………… 123
　　　瞿秋白 ……………………………………………………… 128
　　　周　仁 ……………………………………………………… 135
　　　钱伟长 ……………………………………………………… 141

附录一　上海大学校训 ………………………………………… 151
附录二　上海大学沿革示意图 ………………………………… 155

后　语 …………………………………………………………… 158

第一章
青云发轫

国共协力　共建上大

上海市静安区东北面有条青云路,西起静安区的西藏北路,东至虹口区的横浜路,中间与止园路、宝昌路、东宝兴路等南北向道路交汇,是一条全长1 200米、宽约10米至15米的马路。它的前世,即90多年前,叫青岛路,是上海宝山城乡交接的一条僻静的马路,道路两侧都是一些高不过两层楼的石库门民居。1922年及以后的五年,曾经驻此的上海大学,让这条原本默默无闻的马路名噪一时。如今,那个时代已经远去,1932年的一·二八淞沪抗战和1937年的日军侵占上海,日军的狂轰滥炸把这儿夷为平地,连同那些历史的沧桑都被掩埋得无影无踪。现在的青云路已经没有当年的一丝痕迹,令人欣慰的是,2013年4月3日,在上海市第六十中学(青云路323号)隆重举行"青云路上的红色学府——上海大学(1922—1927)遗址纪念墙落成暨清明公祭仪式"。早在1959年,上海市文物保管委员会就在上海大学1924—1925年时期的西摩路(今陕西北路)校址勒石以铭:"上海市文物保护单位""上海大学旧址",落款是"上海市人民委员会,1959年5月26日公布"。1987年11月17日,上海市人民政府再次公布:"上海大学遗址"为"上海市纪念地点"。虽然历史永不会被磨灭，但记忆毕竟随着年月的流失而淡去，今天人们面对纪念碑石，自然要探究：这是一所什么样的大学？和现在的上海大学有何关联？

探索的目光倒溯至一百多年前的上海。甲午战争失败后至20世纪初，一大批旧学根柢很深且对新学又有深入研究的代表性文化人，如康有为、梁启超、章炳麟、容闳、张元济、蔡元培、严复、张謇、马相伯、刘师培、夏曾佑、王国维、苏曼殊、马君武、林纾、章士钊、邹容、张继、于右任等人集聚沪上，这些文化人也都积极投入了变革中国社会的革新运动。五四新文化运动前后，一大批从日本、美国、欧洲留学归来的文化精英，如李大钊、陈独秀、鲁迅、胡适、任鸿隽等也集聚到上海，他们对日本、欧美的文化有较为深切的了解，同时又能从新的视角用新的方法对中国传统文化作较为全面的批判性的审视，这样，他们在变革中国社会、创建中国新文化方面，较之上一辈的文化人，便能做出更为重大的贡献。更加令人注目的是，苏俄革命的炮声为中国送来了马克思主义、社会主义思想，为中国革命的走向及终极目标指出了一条崭新的道路。19世纪末至20世纪二三十年代，上海成为各种思想文化论战的主要战场，这是因为中国各种思潮，包括马克思主义派、自由主义派、国家主义派、国家社会主义派、无政府主义派，几乎都以上海为他们活动的基地，各派的宣传杂志、报纸，大多在上海出版，上海俨然成为中国思想与文化多元化发展最为开放的地区①。

在上海这块文化精英荟萃、思想不断碰撞与更新的热土上，1921年7月，中国共产党横空出世。1922年7月，中共二大制定了反帝反封建的民主革命纲领，正式确立了建立民主联合战线的方针。当年8月，中共中央召开西湖特别会议，决定共产党员可以以个人名义加入国民党，争取两党的合作。不日，李大钊、林伯渠和苏俄代表相继拜会了正避居上海的孙中

---

① 姜义华：《上海：近代中国新文化中心地位的形成及其变迁——兼论边缘文化的积聚及其效应》，上海高校都市文化E研究院编、苏智良主编：《上海：近代新文明的形态》，上海辞书出版社2004年版，第12页。

山。此时的孙中山,正痛彻感悟到中国革命要取得成功,必须要寻找新的力量,开辟新的路向。于是,在中国共产党的帮助下,孙中山的旧三民主义向新三民主义转变,中国国民党酝酿改组,并邀请共产党同志参加。1923年2月,孙中山回到广州重建大元帅府,就大元帅职。是年6月,中共三大决定全体共产党员以个人名义加入国民党。1924年1月,在广州召开的中国国民党第一次全国代表大会通过的宣言重新阐释了三民主义,确定了联俄、联共、扶助农工的三大政策,标志着国共第一次合作正式形成。

之前与政治丝毫不曾沾边的青云路,却发生了一起让国共两党领导者都很关注的事件。1922年春,市侩文人王理堂假陈独秀、胡适等人之名,以提倡新文化为号召,在青云路青云里创办东南高等专科师范学校,学生160余人慕名而来。但校方借办学敛财,校政腐败,校长王理堂也滞留日本,不理校政,引发学生不满。那年10月10日起,学生掀起罢课风潮,要求"改造学校",欲在陈独秀、章太炎、于右任三人中请一位当校长,并欲改校名为上海大学。其时,陈独秀行踪不定,章太炎隐居苏州,于右任刚交卸陕西靖国军总司令职务,由陕抵沪,并在10月10日发表"欲建设新民国,当先建设新教育"之言论。因此,学生代表就想请于右任来当校长。学生代表了解到邵力子与于右任关系密切,于是先去晋谒邵力子,请求予以支持,邵力子应允力劝于右任。之后,学生代表再至黄河路于右任住处,拜谒于右任,陈述当下校情,请求他担任校长。于右任在谈话间表示,会为多数学生学业考虑,但要等详细了解事实以后,再议校长一事。不日,于右任接受好友邵力子、杨杏佛、柏烈武、柳亚子等人劝说,在师生力邀下应允到学校先去看看。1922年10月23日上午10时,教职员和学生代表20人,陪同于右任同乘汽车从黄河路住处赴校。路经沪宁车站(宝山路的上海火车站,又称为老北站,离青云路二三里路),全体学生150余人并军乐队已先行伫候,见车到来,欢声与乐声齐作,时值大雨,学生鱼贯而行,庄严整肃,于右任见了大为感动。抵校,全体开会欢迎。先由教师代表致欢迎词：此次改造学校，可谓公理战胜强权，于校长为革命伟人、共和元勋、言论界之前驱、教育界之先进，敬为本校前途表示欢迎。接下来，于右任致词，大意是：自陕西回沪，极欲投身教育界，但乃愿为小学生以研究教育，非好为人师。诸君如此诚意，何况吾辈为有文化之人，自当尽力之所能，辅助诸君，力谋学校发展。① 由此答应校长之职。是日，上海大学（下文简称上大）宣告成立。后来，于右任在1924年4月所编的《上海大学一览·弁言》中再次表露了承当上大校长的心迹："失败之后（意指陕西起兵反袁失败），回念生平，非敢言觉悟也；因思以兵救国，实志士仁人不得已而为之；以学救人，效虽迟而功则远。"②

上大成立时，正逢孙中山筹划改组国民党、寻觅革命人才之机，自然对上大甚为关注。他希望上大办成"以贯彻吾党之主张，而尽言论之职责"的革命学校。于右任也视上大为"党办大学"，他说，要早日完成国民革命必须要做三件事，即"阐明主义、养成人才、创为风气"，"此所以吾党党办大学有设立之必要"。他又说："盖上海为全国之中心，舟车四达，交通称便，莘莘学子，咸萃于斯。……此所以党立上海大学更有更迫切之需要也。……先就教授方面言之，本校教授完全以宣传主义为中心，故所设科系虽杂，但在在留意以党义导掖学生。"③ 出于这样的办学理念，于右任在办学之初，聘请邵力子为副校长，请杨杏佛草拟招生简章，聘叶楚伧任教务长，聘张君谋、何世桢、陈德徵、杨明轩等分任文科、美术科、普通科（初中）主任及会计等职。

中共领导对东南高等专科师范学校因风潮而演变至上大的过程非常关注。中共党组织最早的成员之一沈雁冰（茅盾）在回忆录中对上大的创建背景是如此描述的：东南高等专科师范学校的学生赶走了校长（王理堂），"这时学生中有与党有联系的，就来找党，要党来接办这学校。但中央

---

① 《上海大学欢迎校长》，《民国日报》1922年10月24日。
② 于右任：《上海大学一览·弁言》，《上海大学一览》，非卖品，1924年版。
③ 于右任1924年7月致国民党中央执行委员函，台北中国国民党党史馆汉口档案7499.1。

考虑,还是请国民党出面办这学校于学校的发展有利,且筹款也方便些,就告诉原东南高等师范学校闹风潮的学生,应由他们派代表请于右任出来担任校长,改校名为上海大学。于是于右任就当了上海大学的校长,但只是挂名,实际办事全靠共产党员"①。1923年春,李大钊抵沪与于右任、邵力子会面,李大钊向于右任推荐中共党员邓中夏、瞿秋白到上大任职,并建议开办社会学系。于右任同意李大钊的主张,他也认为:共产党员"乃吾国新起的政治活动之党。吾闻其党多青年,有主张、能奋斗之士","不得不寄厚望于他们"。1923年4月和7月,邓中夏、瞿秋白先后履任,并锐意革新校务。邓中夏担任校务长,也称为总务长,主持学校的行政事务。他到校后,即起草了《上海大学概况》,拟定了《上海大学章程》(图1.1),制定了学校发展规划。瞿秋白担任教务长并兼社会学系主任,先行发表《现代中国所当有的"上海大学"》一文,立意要把上大办成"南方的新文化运动中心"。他特别主张,要在社会科学方面独树一帜,确定理论与实践相结合的教育方针,改革学校建制,创办社会学系,聘请学者、名流包括中共党员任教。1923年,陈望道②在陈

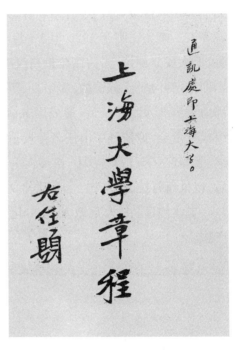

图1.1 《上海大学章程》封面
（于右任校长题写）

---

① 茅盾:《我走过的道路(上)》,人民文学出版社1981年版。
② 陈望道(1891—1977),浙江义乌人。1920年5月,与陈独秀等在上海组织马克思主义研究会,同年春翻译并出版了《共产党宣言》第一个中文全译本,是中国共产党的发起人之一,但在建党后不久就脱党。即便如此,他的政治倾向一直未变,共产党组织对他也一直给予信任,1957年他重新入党。

独秀授意下,到上大担任中国文学系主任。陈望道晚年时回忆说:"1923年夏,中国共产党为了培养党的干部力量,决定改组上海大学。我当时收到一个纸条,上面写要请我去上海大学工作,还写道关于教师等条件我们完全会解决,这个小纸条后面的署名是'知名'。我一看这个纸条知道是陈独秀写的,因为我对他的字很熟,一看'知名',我就去了,本来我不想去,但是,我知道这是党,中国共产党要我做的,我就去了。"[①] 1923—1924年建校初期,一批中国共产党早期活动家和马克思主义理论宣传家陆续到上大任职任教,他们中有蔡和森、施存统、沈雁冰、张太雷、任弼时、安体诚等人。李大钊则于1923年4—11月,三次亲临上大做演讲。1923年8月,上大成立评议会,为该校最高议事决策机构,除校长为主席评议员外,当即推定叶楚伧、陈德徵、邓中夏、瞿秋白、洪野、陈望道、周颂西、冯子恭、邵力子等9人为评议员,形成国共合作的办学格局。第一次评议会决定组成校董会,拟请孙中山任名誉校董,蔡元培、汪精卫、章太炎、马君武、张继、张静江、李石曾等国民党要人为校董。孙中山回广州执掌民国帅印后,特批每月拨款1 000元,资助上大办学。

史实佐证,上大是政治与文化结合的产物,是第一次国共合作的产物。

---

① 摘自音像作品《陈望道》,《大师》专辑,上海电影音像出版社。

弄堂大学　声名洋溢

上海虽大,但以"上海"命名的上大却一直偏隅上海弄堂①内几幢石库门房子②里,没有校门、礼堂、图书馆,也没有运动场,所以上大是名副其实的"弄堂大学"。

上大的办学条件确实很艰苦。建校初期,在青云里租有几幢两层楼的石库门房子,共十余间房间,楼下的客厅、厢房放些桌椅就成了教室,把楼上相邻两间的隔墙拆掉改为一间,算是大课堂,所谓"大",也就能坐二三十人而已。校前有一大片荒地,地面高低不平,学生们就将这片荒地权当运动场来开展文体活动。1924年春,上大学生人数从原来的160余人增至400余人,原校址不敷应用,于是租定西摩路南洋路口西式楼房一幢(图1.2.1)和附近时应里、甄庆里、敦裕里的若干幢石库门民居为校舍。当年2月23日,上大从青云路迁至西摩路,校舍较为广阔,尚有余地可

---

① 弄堂,上海方言,指小巷,类同于北京的胡同。
② 石库门是上海最具代表性的民居建筑,上海的旧弄堂一般是由若干连排的石库门房子构成,通常被认为是上海近代都市文明的象征之一。石库门房子的大体结构是,南北朝向,上下两层,楼底朝南有个客厅,朝北是厨房,客厅两边有一间或几间称作厢房的房间,楼梯上层拐角有个小房间叫亭子间,楼上朝南有个较大的房间,一般用作卧室,另外也有一间或几间厢房,朝北是一个露台。

图 1.2.1　老上大西摩路校区(今上海市陕西北路南阳路口)

供操场之用,交通也颇便利。然而好景不长,该校舍于 1925 年 6 月 4 日,横遭公共租界当局强行封闭。1925 年秋,上大不得不回迁到闸北青云路离青云里不远的师寿坊(图 1.2.2),并在弄堂口挂上于右任校长亲笔书写的"上海大学临时校舍"的牌子。师寿坊仅有 15 幢民房,由于此时学生人数已增至 800 余人,校舍严重不足,经过多方努力,直到 1926 年 4 月,学校才落实在江湾购买地基 20 亩建造新校舍,建设经费采取师生募捐、校外借款以及向广州国民政府申请特别费的办法筹集。1927 年 2 月,新校舍终于在江湾镇落成,4 月 1 日学校迁入新校舍,然而启用才过一个月,又遭厄运,校园被国民党当局查封,上大被迫停办[①]。

上大的办学经费一直很拮据。日常运行以学费为主,收费标准与其他大学基本一样。由于当时房租、图书、器具、印刷费用日益增加,来求学

---

① 1927 年 7 月,该校舍被"国立劳动大学"占用,在 1932 年的一·二八淞沪抗战中被日军炮火炸毁。

的青年又多贫寒子弟,不少人是免费、欠费,办学经费入不敷出。于右任刚上任,曾拿出自筹经费1万元作为办学之用。1923年2月,孙中山亲自批准广州国民政府每月拨款1 000元给学校作为日常开支,但经费还是有困难,有时房租都交不出。1924年7月,于右任致函国民党中执委申请每月拨款增至5 000元,但未获批准,无奈之下,向老朋友吴季玉借款5 000元,学校得以勉强维持。1925年9月7日,广州国民政府第十五次会议决定补助上大江湾新校舍建设经费2万元,但校方在1926年只领到1万元。建造江湾新校舍所需费用除

图1.2.2 老上大青云路临时校舍师寿坊
(今上海市青云路167弄附近)

去国民政府拨给的1万元和师生募捐款外,缺额数万元。这笔亏空由当年主持校务的陈望道、周由廑代表于右任、邵力子两位校长出据向私商借贷,学校被封后,私商曾为索讨借款向苏州法院提出控告,终因学校被关没有了债主,欠款不了了之。上大办学经费拮据,教师则深明大义,不计报酬。邓中夏说:"教职员的薪水,有的完全尽义务,一文也不拿;有的为维持生活,亦只拿到很少的数量,还比不上一个高等机器工匠的工资;有的原有别项职务,收入已丰……,都情愿多吃辛苦来上大兼课。"瞿秋白应聘上大以后,于1923年7月30日写过一封信给胡适,信中说到:"无奈此等入款'远不济近',又未必够'家'里的用,因此我又就了上海大学的教务,——其实薪俸是极薄的,取其按时可以'伸手'罢了。"

上大校舍如此简陋,经费如此拮据,却因国共协力共建,办事得法,教

授得人,仅二三年即"声名洋溢,早为一班士子所信仰"①。帝国主义者封闭它,国内反动派打击它,但青年学生把它看作茫茫黑夜里的灯塔。几年间,学生人数年年翻倍增长。

首先是因为上大的领导决意用新思想、新文化改造学校,办学是以建国立业为目标。20世纪二三十年代,上海是中国高等院校最集中的地区,有大专院校近20所,约占全国高校总数的四成,但是办学者鱼龙混杂,邵力子在欢迎于右任就职上大校长大会上说:"上海学校林立,优少劣多,所谓劣者,即营业式之学校。"②上大成立伊始,由邓中夏主持建制立章,学校章程开门见山地确立上大的宗旨是:"养成建国人才,促进文化事业。"邓中夏强调:"上大学系虽杂,而各欲以所学从各方面企图建国的目的的完成则一,只此一片耿耿孤忠,是我们大多数教职员和学生所不能一日忘的,所努力从事的,这便是和别的大学不同的地方,也便是上大的使命。"③于右任更是豪气盖天:"上大不比其他学校,希望上大同学,每人都能成为一强有力之炸弹,将来社会上定能发生极大之影响。"④为表明上大的革命立场,校方全然不顾上海还在北洋军阀统治之下,校内悬挂的是有着国民党党徽和蓝底白字的校旗,坚持不挂北洋政府的五色"国旗"。历史见证:上大虽然办学才短短五年,但从校门走出了一批批"耿耿孤忠"之士,制造了一颗颗"强有力之炸弹",为中华民族复兴事业做出了极大贡献。

上大没有大楼,但名师荟萃。学校建于中国文化精英、政界名流在上海最集中的时期,加上办学目标鲜明、于右任校长德高望重,可谓"天时、地利、人和",于是引来一时俊彦云集上大。据查阅现存史料,曾在上大任教(专、兼职)的人员有:中国文学系的张君谋、陈望道、邵力子、叶楚伧、刘

---

① 《民国日报》1925年3月6日讯:"上海大学历史虽不甚久,但自于右任校长来校以后,办事得法,教授得人,声名洋溢,早为一班士子所信仰。"
② 《上海大学欢迎校长》,《民国日报》1922年10月24日。
③ A.S.(邓中夏):《上大的使命》,《上海大学周刊》第1期,1924年5月4日。
④ 《上大五卅特刊》第2期,1925年6月23日。

大白、田汉、俞平伯、沈仲九、胡朴安、沈雁冰、傅东华、高冠吾、李仲乾、任仲敏、严既澄、方光寿、滕固、李石岑、郑振铎、徐蔚南、蔡乐生、顾均正、章乃羹、任讷、谢六逸、金祖惠、王世颖、韩觉民、姚伯谦、冯三昧,英国文学系的何世桢、何世枚、周颂西、曾杰、冯子恭、火贲达、董承道、孙邦藻、邵诗舟、虞鸿勋、周越然、周由廑、胡哲谋、唐鸣时、江显之、刘志新、殷志恒、沈亦珍、高觉敷、林康元、朱恢伯、朱复、蔡慕晖、恽代贤(恽代英胞弟)、张秋人,社会学系的瞿秋白、施存统、蔡和森、安体诚、周建人、彭述之、李达、张太雷、李季、郑超麟、陶希圣、杨贤江、尹实甫、韩觉民、蒋侠僧(又名蒋光慈、蒋光赤)、沈观澜(沈志远)、任弼时、恽代英、萧朴生、萧楚女、李汉俊、沈泽民(沈雁冰胞弟)、高语罕、哥本可夫司基(俄籍),绘画系的洪野、陈抱一、李超士、吴梦非、仲子通、傅彦长、钱病鹤、宝特格尔斯格(俄籍)、何明斋、俞铸成、李骧、陈晓江,还有附中的侯绍裘、钟伯庸、陈德徵等。上述教师中有些是在各系兼课,有些是在大学部与附中间相互兼课。为使学生广泛地获取各种学科理论知识,开阔视野,比较各种不同学派的观点,学校还不时聘请文化精英和政界名流为"特别讲座教授",到校开设讲座或做演讲。聘请的人中有李大钊、廖仲凯、章太炎、马君武、汪精卫、戴季陶、邓演达、胡汉民、张继、左舜生、李权时、刘仁静、胡适、赵景深、朱光潜、朱自清、黄葆钺、王登云、朱湘、万籁天、周予同、褚理堂、张溥泉、吴稚晖、沈玄庐、胡愈之、杨杏佛、郭沫若、吴玉章等。

上大规模不大,系科不多,但有一个名垂青史的系科——社会学系。产生于19世纪上半叶的社会学,在19世纪末从国外逐步引入中国,到20世纪20年代国内的一些大学建立了社会学系或专业,据说在中国最早设有社会学系的大学是厦门大学,开设于1921年,燕京大学、清华大学都在其后。上大是上海最早设有社会学系的大学,其后还有圣约翰大学、沪江大学、复旦大学。由瞿秋白创办的上大社会学系在研究方法上,与当时其他高校流行的那种模仿外国理论的方式截然不同,他的目的是要为中国的革命发展一种理论与实践相结合的社会科学体系。在他的主持下,社会学系开设了一系列讲解马克思主义学说和社会主义理论的课程,例如社会主义史、科学社会主义、通俗资本主义、列宁主义、俄国新经济政策、辩证唯物主义、中国劳动问题等,在社会学系开设这样的课程在当时中国高校中独树一帜。国际著名比较教育专家也是国际上最负盛名的中国高等教育研究专家之一、加拿大许美德(中文姓名)教授在他的专著《中国大学(1895—1995)》[①]"社会主义高等教育的发展历程"一节中开宗明义:上海大学是"中国第一所具有社会主义思想的高校"。

理论联系实际的教风、学风是上大的办学特色。上大在平时的教学方面,特别着重于使学生读"活的书",使读书与生活尤其是社会的、民族的打成一片,所以在校内学生自由组织的各种研究会上,师生之间以诚相见,开展热烈的讨论,他们鄙弃那些讲坛上高谈阔论的教授和学而不行的学生。上大的学生可以说没有一个是只读书不做事的,他们知道在民族危急存亡之秋,绝不能苟安自足于课堂与图书室之中,于是,他们揣着革命的理论与反帝反封建的热情,到工厂、到农村、到军队,将那"给别人越多,自己也越丰富"的革命思想与情绪,一化十、十化百地传播开来。来到上大师生中间,你可以看到他们有时黑压压地挤满了教室孜孜不倦地在学习着什么、殚精竭虑地讨论着什么,有时看见他们在工人、农民、士兵中间耐心细致地教书解字,有时看见他们在繁华的马路上正如火如荼地演讲。他们几乎整天毫无休止地忙着,从不希求舒适的生活。在他们的头脑里,考虑的不是个人,而是全中国人民。这样的大学,这样的教授,这样的学生,在那个年代绝无仅有。

---

① [加拿大]许美德著,许洁英主译,教育科学出版社2000年出版。

北有北大　南有上大

1925年2—6月，由中国共产党领导的、首先在上海发起的五卅运动沉重打击了帝国主义，对中华民族的觉醒和国民革命运动的发展起了巨大的推动作用，大大提高了中国人民的觉悟，揭开了大革命高潮的序幕。五卅运动和五四运动并称为中国现代史上促进民族觉醒与思想觉醒的两大政治事件，上大师生对五卅运动的贡献犹如1919年北大师生对五四运动的贡献，故而被誉为"北有五四的北大，南有五卅的上大"[①]。

上大师生对五卅运动的贡献，当年的报刊曾有大量报道，尤其是1925年12月23日由上大学生会出版的特刊《上海大学三周年纪念特刊》中有着更详尽的记载[②]。新中国成立后，不少当年的亲历者仍有着很清楚的回忆。时为上大学生、五卅运动参加者的孔另境（沈雁冰内弟）于1949年6月14日在上海《大公报》上发表了一篇《旧事新谈——怀念革命的摇篮上海大学》的文章，文内写道："我们知道，领导这次

[①] 张士韵：《中国民族运动史的上海大学》，《上海大学留沪同学会成立大会特刊》，1936年9月。

[②] 原件存中共"一大"会址纪念馆。

伟大反帝民族斗争的是中国共产党,正确的勇敢的执行中共政策的是当时革命的上海大学学生。"时为上大学生、五卅运动参加者的王一知(张太雷夫人)于1959年6月16日接受他人采访时回忆说:"在五卅运动中,上大的学生起了很大的作用。上大的学生很多都参加了或者领导了各厂的工人罢工,还有学生罢课和市民罢市等工作。著名的工运领袖刘华就是上大的学生,秋白、中夏(笔者注:瞿秋白、邓中夏)那都是上大的领导人。上大对培养党的干部和宣传组织工运都起了很大的作用。"时为上大学生、五卅运动参加者周文在于1980年、1982年两次接受他人采访时,回忆说:"在五卅运动中,上海大学的学生深入到总工会、工商学联合会等团体,把党的意图贯彻到这些团体的工作中去。党通过上海大学的这批人和其他各个区的骨干,掌握情况,领导着这次运动。"时任上大教授、也曾代理校长之职的陈望道在1961年7月的一个回忆录中明白指出:"西摩路(笔者注:上大)是五卅运动的策源地。"①五卅运动时期中共上海地委领导人之一——刘锡吾曾回忆说:"游行示威时,群众也把上大的队伍看成是党的队伍。上大的队伍未到,大家都要等上大的队伍;上大队伍的旗帜未竖起来,大家的旗帜都不竖起来,反之,上大的旗帜一竖,大家的旗帜都竖起来了。当时的全国学生会,也是以上海大学为旗帜的。"

上大师生之所以能在五卅运动中起到如此重要的作用,当然是有原因的。

首先是,上大的共产党及青年团(共青团)组织在五卅运动前已很有力量。上大是中共上海区委最重要的活动据点。1923年7月,上大师生中有中共党员12人,占上海党员总数的1/4多。教师党员是邓中夏、瞿秋白、张太雷、施存统、沈雁冰、杨贤江、邵力子,学生党员是王一知、许德良、黄让之、贺昌、严信民。同年11月,上大党的力量得到进一步增强,学生刘华(刘剑华)、张景曾、龙大道、薛卓汉、王逸常、徐梦秋、许乃昌等也加

---

① 1933年1月第6期《上海周报·教育史料之一》刊载《上海学生运动小史》一文(作者待考,署名"章章"),此文中指出"有人说上大是爆发五卅的策动地"。

入党组织。1924年1月,上海有党员50人,分为4组,第一组18人,全由上大党员组成,组长刘华。1925年1月,中共四大决定中共党内建立支部一级组织,上大在全市学校系统中第一个(也是唯一的)建立中共独立支部,有党员25人,支部书记先是欧阳继修(阳翰笙),后来是赵容(康生)。上大的社会主义青年团(1925年1月改名为共产主义青年团,简称共青团)团员更多。1923年12月,青年团上海地委第一支部(上大团支部),有团员48人,占全市团员总数的1/3。1924年9月,上大团支部团员增至90人,占全市团员总数近1/2。中共上海区委召开支部书记会议、活动分子会议及各种重要会议,差不多都在上大举行。根据中共三大《关于国民运动及国民党问题的决议案》规定,上大党员以个人身份加入国民党,校内成立国民党区分部,五卅前,上大有国民党员130多人,其中不少就是跨党参加的中共党员。

上大党团组织不仅在校内积蓄了强大的革命能量,而且将这股能量辐射至上海乃至全国。上大不少师生在上海及下属各区担任党团书记,也有不少学生在总工会、学生总会、工商学联合会、妇女联合会等多个社会团体担任负责人。上大还办了一个"书报流通处",由党团员和积极分子经营,专事推销当时革命的、进步的书籍、报刊,包括《向导》①《新青年》《中国青年》《前锋》等,将革命学说与理论传播至社会大众。

五卅运动前,上大的党团组织已经展现出在组织和宣传方面的强大优势,党团组织活动的中心内容就是发动青年学生和劳动大众参加反帝反封建的国民革命运动,越来越多的热血青年、越来越多的劳动大众团结在上大党团组织的周围。

上大师生在启迪民众、组织工农的活动中,卓有成效的是在上海开拓平民教育事业。中国平民教育的先驱是晏阳初,他首先在上海基督教青

---

① 由蔡和森任主编的《向导》周报是中国共产党中央委员会的第一份机关报。它自1922年创刊,至1927年停刊,共出201期,在中国共产党的历史上曾发生过深刻影响。

年会主持平民教育工作,期间编制刊行了《平民千字课》等教材。1922年他发起全国识字运动,不久他筹资先行在全国各地组建了200所平民学校。平民学校以"除文盲,作新民"为主旨,对平民进行为期四个月、识一千字的识字教育。1924年4月1日,已迁至西摩路的上大,召集筹办平民教育大会,由邓中夏主持通过了上大平民学校(下文简称平校)组织大纲,并公举教师卜世畸和学生程永言、马建民、刘华、郭镫、杨国辅、朱义权、王秋心等8人为平校的执行委员。4月15日晚,平校在西摩路校区举行开学式,不日报名者便达450余人,都是附近的青年工人、店员或失学青年。教材只是初级国语用《平民千字课》,其余均由上大教员自己选编讲义,油印发给。如遇重大时事或纪念日等,会特别注意授以应有知识。平校除了开办上述文化班以外,还为适应一般商业人士的需求,专门组织了一个英文义务补习班,学费免收,书籍自备,也是定在晚上7时上课。中共中央非常重视平校的建设与拓展,其目的在于提高工人的文化与政治觉悟,进行革命宣传,扩大党的政治影响,在工人中发展党团员。1924年11月,平校按照章程改组委员会,公推学生杨之华(瞿秋白夫人)、刘一清、王秋心、李秉乾、薛卓江、朱义权、林钧、王杰三等人为委员,并推定林钧为主任。这一届委员几乎都是上大学生党员。在他们的领导下,平校逐渐成为共产党、青年团与工人群众联系的桥梁,成为工人或工会活动的据点。平校除了以教文化为主外,还有计划地举行一些革命道理宣传教育活动。1924年11月7日,平校庆祝俄国十月革命,在晚上7时开庆祝会,到会者有五六百人,主任林钧报告开会宗旨,继李春蕃、刘一清演说以后,请蒋光慈讲俄国革命,会末高呼"中国国民革命万岁""十月革命万岁""世界劳动革命万岁"等口号。1925年5月2日,先期由平校教师编选"五一"教材,详为解释。于当晚7时,在平校举行纪念五一大会。会上恽代英、侯绍裘、杨洵、向警予、林钧、丁显等相继演说,辞意精辟,听者群情激昂,齐呼"工作八小时制""教育八小时制""休息八小时"。

　　除了办好设在西摩路的平校外,邓中夏还动员与组织上大学生刘华、何秉彝、杨之华、刘一清、薛卓江、张琴秋、诸有伦、钟复光、王亚璋等到闸北潭子湾、沪西小沙渡、沪东杨树浦和吴淞、南市等工人集中区域建立平民学校、平民女校、工友俱乐部,借此开展更广泛的工人运动。邓中夏、恽代英、萧楚女、邵力子、任弼时、沈泽民等教师轮流到这些地方上课,宣传革命,发动群众,组织工会,培养骨干。上大学生在与工人的接触中,了解工人阶级,从中受到教育,不少人以此为起点踏上革命征途。刘华、杨之华、张琴秋等在和工人的结合中,成为工人运动和女工运动的领导者。有人回忆杨之华这时期的情形时说:"杨大姐日夜奔忙,一会儿沪东,一会儿沪西,和女工们打成一片。特别是杨树浦(沪东)的女工们,几乎没有不认识她的。女工姐妹们找她时,她像亲姐妹似地手拉着手,亲切地问寒问暖,与她们商量如何团结同志和广大女工姐妹们共同与敌人进行斗争。她真不愧是女工姐妹们的贴心人。"①

上大革命师生的活动自然引起了租界内帝国主义殖民者的畏忌。1925年2月,由中共发起的"二月罢工"是五卅运动的前奏,运动之初,在沪日商惊呼:"目前这一运动的性质已经不是一个普通的工潮,并非仅对日本雇主而发者。……其目的是在中国广泛的反对外国争斗和资本主义。那些煽动分子和狂热分子煽动罢工的经费则由本市一所大学校供给(原文注:这里所指的'这所大学'为'上海大学'),这所大学被认为是俄国布尔什维克的宣传机关。因此,公众的感觉甚为不安。"②上海公共租界工部局③1924年12月2日在内部《警务处日报》上有份报告《上海大学瞿秋白等活动》,报告称:"最近几个月来,中国布尔什维克之活动有显著之复活,颇堪注意。这些过激分子的总机关设在西摩路132号上海大学内,彼

---

① 徐镜平:《我的启蒙老师杨大姐》,《回忆杨之华》,安徽人民出版社1983年版。
② 《上海日本商业所主席田边致工部局总董费信惇函》,《工部局总办处卷宗2879号(二)》。
③ 1854年,上海英法美租界联合组建独立的市政机构工部局,建立警察武装,正式形成真正意义上的租界——国中之国。1862年,法租界退出联合,自设公董局。1863年,英国和美国在上海的租界正式合并,统一由工部局管理。

等在该处出版排外之报纸——《向导》,贮藏社会主义之书籍以供出售,如《中国青年》《前锋》。该大学之大部分教授均系公开的共产党人,彼等正逐渐引导学生走向该政治信仰。……至目前为止,尚无足够可以进行法律控诉之煽动性文件,但最近一期之内容似有超过范围之处,现在翻译中。"12月9日,工部局迫不及待地派出警务处人员及静安寺捕房包探前往上大搜查"激烈文件",闯入图书室强行把书报杂志一概梱扎而去,并宣称:"但所发现的证据却明显地说明了该校约三百个学生的大部分是共产主义的信徒。他们所受的训练,无疑地是企图使他们成为有智力的共产主义宣传家的。"之后,又于12月下旬至翌年2月,工部局自编自导了一场"控诉"上大代理校长邵力子"出售含有仇洋词句之《向导》报"的闹剧,在上海滩喧嚣了一阵。

1925年2月,中共中央组织罢工委员会领导工人斗争,由邓中夏和李立三总负责,中共上大支部派刘华、杨之华、郭伯和等参加罢工委员会工作。日本的纺织厂以沪西最为集中,共产党以沪西为工人运动重点之一。中共中央派出一批党团员,其中多数是上大的学生,到沪西工人集中区办工人补习学校,然后在此基础上成立了沪西工友俱乐部,并进而成为沪西工人运动的一个中心。2月9日,掀起全市22个日本纱厂中4万多名工人参加的"二月罢工",刘华被选为罢工中成立的日商内外棉纱厂工会委员长,和罢工工人生活在一起,全副精力投入斗争,以致积劳成疾,患肺病吐血,仍忘我工作。纺织厂女工、童工居多,上大学生杨之华、张琴秋、王一知、黄胤、孔德沚深入女工家庭,联系实际向其宣传革命道理。

5月15日,在沪西的上海日商内外棉七厂资本家借口存纱不敷,故意关闭工厂,停发工人工资。工人顾正红带领群众冲进厂内,与资本家论理,要求复工和开工资。日本资本家非但不允,而且向工人开枪射击,打死顾正红,打伤工人10余人,成为五卅运动的直接导火线。第二天,中共中央发出第32号通告,紧急要求各地党组织号召工会等社会团体一致援助上海工人的罢工斗争。19日,中共中央又发出第33号通告,决定在全国范围发动一场反日大运动。28日,中共中央召开紧急会议,决定以反对帝国主义屠杀中国工人为中心口号,发动群众于30日在上海租界举行反对帝国主义的游行示威。同时,为加强工会组织的力量,决定由共产党人李立三、刘华等主持,成立上海总工会。上大师生组织演讲队上街并发起募捐活动援助工人。

5月24日,在潭子湾举行顾正红烈士追悼大会。上大学生率领平民学校学生数百人参加,沿途散发传单,在普陀路遭英国巡捕拦阻,学生朱义权、韩步先等四人被拘捕,巡捕还蛮横地阻止家属与同学探视。上大学生愤而联合其他学校发起成立被捕学生援助会,确定于5月30日全体出发,在南京路、福建路、河南路及会审公堂①一带演讲、游行示威。

5月28日,上大组织同学到街上演说、贴标语、发传单。

5月29日,上大女生代表接受妇女运动领袖向警予布置的任务,到杨树浦的工厂去慰问工人。

5月30日,在上海南京路爆发大规模反帝示威游行,抗议日本大班枪杀中国工人顾正红。恽代英、侯绍裘担任这次示威游行的正、副指挥,高尔柏承担联络工作。上大师生400余人组成38个演讲团,分布在南京路的福建路至河南路这一段,大家都争先恐后地集中在帝国主义者在上海的大本营——老闸捕房②门前进行演讲和散发传单。上午在演讲时,上大学生瞿景白(瞿秋白的弟弟)、崔小立、周文在、钟复光等100多名学生被老闸捕房拘捕,学生无所畏惧,继续在此演讲。下午3时多,游行群众越

---

① 清末民初,帝国主义者在严重损害中国领土主权的领事裁判权制度下,在上海以及武汉、厦门租界设立的审判机关,又称会审公廨,上海公共租界会审公堂在浙江路。五卅运动后,各界群众强烈要求收回会审公堂,几经交涉,于1927年1月1日废止会审公堂。

② 老闸捕房是上海公共租界巡捕房的一个分区捕房,成立于1860年10月,解散于1943年。1930年,公共租界工部局将老闸捕房南京路大门堵封,改由贵州路门口进出。原五卅惨案流血地点——老闸捕房南京路大门处改建为商铺,即今南京东路766—772号的大光明钟表店。1959年5月公布为上海市文物保护单位。1977年12重新公布为上海市纪念地点。1985年5月,上海市文管会在遗址勒石纪念。

聚越多,英国巡捕在老闸捕房门前疯狂开枪,杀死工人、学生10余人,打伤几十人。上大学生冲在前列,年轻的共产党员何秉彝当场中弹身亡。

5月31日,上大学生悲愤异常,一方面通电全国,号召全国民众一致奋斗;一方面仍继续出发演讲,大都集中在南京路新世界一片。是日,仍有60余人被捕。下午,上大学生又参加市民大会,鼓动商界一致罢市,并获响应。

6月1—3日,上大学生连日不停地到浙江路、福州路以及南市西门一带演讲、散发传单,尽遭沿路武装军警的恐吓与拦阻。

6月4日,公共租界工部局英国巡捕及万国商团①武装强行霸占西摩路上大校舍,使上大师生处于栖息无所的困境。工部局总捕头在会审公堂蛮横狡辩:"捕房之所以为此之原因,在上海大学自成立以来十八个月间,为煽乱与布尔什维克之根源,上海罢工运动,殆全为彼所布置。"②上大校舍被占,师生不屈不挠,推选施存统、侯绍裘、韩觉民、秦治安、贺威圣、朱义权、韩步先等7人组成临时委员会,设立临时办事处。教职员自动减薪,维持学校,学生留沪不散,参加各项斗争并向各界宣传。

6月15日,上大学生会出版《上大五卅特刊》(图1.3),揭露、控诉帝国主义罪行,鼓动爱国反帝斗争。

9月7日,上海10万人参加"九七"国耻③纪念大会,追悼各地死难烈士,大会由担任全国学联党团书记的上大学生李硕勋主持,上大学生林钧主祭。

1926年11月,中共上海区委要求全党在每次会议前起立静默1分钟,为在爱国反帝斗争中牺牲的烈士致哀,提出:"我们将奋发勇猛地踏上

---

① 1853年4月,英美等国以保护侨民为名组织了上海义勇队,后称万国商团,成为租界当局的一支准军事化武装,担任了维护租界当局统治的角色。1943年七八月间解散。

② 《会审公堂记录摘要——一九二五年六月九日星期二元字七九一八七号》,《东方杂志五卅临时增刊》,1925年7月。

③ 1901年(农历辛丑年)9月7日由清政府全权代表奕劻、李鸿章与英、美、俄、德、日、奥、法、意、西、荷、比十一个国家的代表在北京签订《辛丑条约》,是八国联军攻占北京后强迫清政府订立的丧权辱国条约。

图 1.3 《上大五卅特刊》第一期（于右任校长题写刊名）

已死诸同志所开辟的血泊之路,更积极地准备武装斗争,更猛烈地去扑灭敌人。"全党、全国人民永志纪念在爱国反帝斗争中牺牲的上大校友何秉彝、刘华、周水平、贺威圣等烈士!

武有黄埔　文有上大

　　1924年,国民党为组建一支全新的革命军队,在共产党和苏联的帮助下,在广州黄埔创办了"中国国民党陆军军官学校"(史书简称黄埔军校,下文简称黄埔)。黄埔创立之初,全国各地的国共两党精英纷纷汇集于此。1927年四一二政变前,在国共两党的共同努力下,黄埔迅速发展成为广东革命政府的中坚力量,为国民革命军及时输送了大批杰出的军事人才,为北伐战争的胜利做出了巨大的贡献。

　　早两年建立的上大对黄埔的创建有着特殊贡献。黄埔初创,中共中央从上大抽调了一批党员到该校任职任教,他们中有:邵力子,历任黄埔校长办公厅秘书长、政治部主任;恽代英,任黄埔本部总政治教官、武汉分校校务委员;阳翰笙,历任政治部秘书、中共黄埔军校入伍生部总支书记;萧楚女、张秋人、高语罕、安体诚等担任政治教官。恽代英、萧楚女、张秋人因口才出众、讲课生动,当时在黄埔并称为"广州三杰"。邓中夏、施存统曾应邀到黄埔作演讲,沈雁冰也曾多次到黄埔演讲,并帮助筹建武汉分校。国民党中央决定由上海市执行部(笔者注:毛泽东时任负责人)负责上海地区、长江流域和北方各省投考黄埔学生在上海复考事宜,上大即为考试地点,具体考务系上大教职员为之主持,由此为黄埔输送了数百名有志青年。

对初创黄埔做出特殊贡献的还有上大的学生。曾为上大教师的陶希圣①晚年时在他的回忆录《潮流与点滴》中,陈述了当时的情景:"当时的上大设备是简陋,但洋溢着革命精神和气氛,可以说是国民党的革命前哨,上大的学生秘密转往广州,致力党务,尤其投身黄埔军校者,络绎于途。"②1924年考入上大美术系的张开元,他在"回忆上大"中说:"本校学生因而投笔从戎转入该校者为数甚多。计第一期至第六期,无届无之,尤以一至四期为独多……北伐军兴,本校员生几遍布各团、营中。故时人对上大与黄埔曾有革命之左右手之称。"③时为上大学生的孔另境回忆说:"在国民革命军的北伐战役中,上大学生是成千成百的参加在里边的,虽然大半是担任着非军事的工作,可是他们在部队里和人民间所起的作用实在是很大的,当时有'武黄埔、文上大'之誉。"④前国家主席杨尚昆的回忆录里回顾了他于1926年在上大求学的经历,他写道:"它(笔者注:上大)和广州的黄埔军官学校一起被称为'武有黄埔,文有上大'。"

"武有黄埔,文有上大"这说法不仅是因为上大师生为创建黄埔、壮大北伐军做出了贡献,最主要的还是在1922—1927年国民革命期间,一刻也没有停止过反帝反封建的斗争。正如1926年1月广东各界为援助上海大学的宣言书中所书:"他们领导着民众毅然决然的以其所得革命的理

---

① 陶希圣(1899—1988),湖北黄冈人。1924年为上海商务印书馆编辑,同时在上海大学等校讲授法学和政治学。1927年初应聘为中央军事政治学校武汉分校中校教官,参加北伐革命军工作。1939年任汪伪中央宣传部长。1941年去重庆,任蒋介石侍从秘书,起草《中国之命运》,并任《中央日报》总主笔。1947年兼任国民党中央宣传部副部长。1949年赴台湾后,历任总统府国策顾问、国民党中央常委、中央日报董事长等职。1988年在台北病逝。
② 陶希圣:《潮流与点滴》,中国大百科全书出版社2009年版,第92页。
③ 张开元:《回忆上海大学》,政协淮阴市委员会文史资料委员会编:《别梦依稀——淮阴文史资料(第八辑)》,1989年10月。
④ 孔另境:《旧事新谈——怀念革命的摇篮上海大学》,上海《大公报》1949年6月14日。

论,从事革命的工作,为打倒帝国主义、打倒军阀,甘愿为拥护民众利益而牺牲。""所以站在我们革命的观点上说起来,我们十二万分相信,在东南方面上海大学,确实是我们革命军里的一支有力的先锋队。"①

1922—1927年国民革命期间,上海滩上最有影响力的《民国日报》《申报》隔三岔五地报道上大师生参加反帝反封建斗争。尤其是在1924年1月孙中山先生高举"联俄、联共、扶助农工"三大政策的大旗后,上大的革命气氛愈发浓烈。这个阶段,每逢有反帝反封建军阀反贪官污吏游行示威、散发传单、街头演讲,上大学生总是站在斗争的前列。1924年秋,孙中山北上过沪,乘坐永丰舰抵沪,上海数千市民皆鹄候于黄浦江边。上大学生排着队,带头高喊打倒帝国主义、打倒封建军阀的口号,在码头前列队迎接。先生抵达后,上大学生会指挥一部分前队学生紧紧随护先生座车前进,一部分学生留在后队协同组织市民群众奋力冲破法租界巡捕的拦截阻挠,使大队群众及时到达莫利爱路29号(现香山路7号)孙中山寓所门前集合,聆听先生关于打倒帝国主义、废除不平等条约、召开国民会议的讲话。上大学生整队归校时,经过法租界,校旗被法国巡捕抢去,交涉无果。队伍旋即回到先生寓所,向先生致以敬意,并报告此事,先生甚为愤慨,叫人打电话向有关部门交涉,校旗即送了回来。

上大革命师生坚定地拥护孙中山先生的新三民主义。1924年1月,在广州召开的中国国民党第一次全国代表大会通过的宣言重新阐释了三民主义,确定了联俄、联共、扶助农工的三大政策。1924年11月28日,上大召开教职员及学生全体会议,通过赞成孙中山先生之意见,并发表宣言号召国人一致拥护,以促成国民会议并解决中国问题。1925年3月12日,孙中山先生逝世。一周后,上大学生即召开全体大会,议决向广东国民政府请求将上大立为国立中山大学,特设三民主义讲座,并增设与三民有关之政治、经济、教育等三系,以垂孙中山先生永久之纪念。虽然此议

---

① 台北中国国民党党史馆汉口档案7513.1。

图 1.4 《中山主义》周刊第一期

决最终未获批准,但突显了上大革命师生的鲜明态度①。上大学生在校内组织了近 20 个社团及多个同乡会、同学会,校内还编印、刊行了 10 多种刊物,其中由上大中山主义研究会主办的周刊《中山主义》(图 1.4)是上大进步学生宣传革命的三民主义的一个战斗阵地。该刊以"研究三民主义""发挥三民主义""实现三民主义"为宗旨,批判国民党右派喉舌戴季陶和国家主义等反动学说。

足以载入史册的还有,上大革命师生直接参加了上海第一、二、三次

---

① 1926 年 7 月,国立广东大学正式改名为国立中山大学。

工人武装起义,与工人阶级并肩战斗,以血肉之躯为北伐军进占上海铺设了胜利之路。上海《闸北区志》详尽记载了上大革命师生——上大人当年的壮举,其志载明:1926年10月,中共上海区委为配合北伐军进军上海,领导上海工人举行第一次武装起义。当月24日,龙大道(上大人)担任闸北起义总指挥,集合工人纠察队待命,上大许多师生在市区和近郊积极宣传,杨尚昆等中共党员、共青团员被分派到各区工人纠察队进行秘密军事训练,余泽鸿、何洛、张书德等人通过学联,帮助大、中学校组织学生军。但是这一次武装起义未能取得成功。1927年2月,中共上海区委召开党代表大会,上大派代表出席,策划第二次武装起义。为动员学生配合工人武装起义,成立了学生委员会,由余泽鸿任主任,刘荣简、刘尊一等为委员。2月22日,上海市民临时革命委员会成立,11个委员中有刘荣简。中共上大独立支部组织演讲队揭露封建军阀罪行,配合全市36万名工人举行总同盟罢工。由于敌我双方武装力量悬殊,北伐军驻足嘉兴不予配合,第二次起义也失败了。2月23日,军阀搜查上大,留校学生50余人被捕。为策划第三次武装起义,并筹备起义胜利后的新政权,3月6日,原上大附中学生王稼祥撰写《关于上海市民代表会议之组织法及其职任拟案》,由中共上海区委发布。杨之华、陈比难(陈碧兰)负责召开三八妇女节大会,组织发动妇女。3月12日,上海第一次市民代表大会选举执行委员会,准备产生市民政府,选出执委31人中有上大师生侯绍裘、林钧、刘荣简、王亚璋,林钧为常务委员兼秘书。起义前夕,侯绍裘、杨贤江、张秋人、郭伯和、余泽鸿、林钧、杨之华参加中共上海区委会议,协助中共中央军委书记兼特别军委书记周恩来、上海区委书记罗亦农做好起义各项准备。时任中共闸北部委书记兼军委书记的郭伯和(上大人)任第三次武装起义闸北总指挥,顾作霖(上大人)任杨树浦和沪东区指挥,林钧任南市分指挥,刘荣简等协助指挥。上大师生参加闸北、南市、沪东、沪西等四个地区起义战斗,与奉鲁军激战。3月20日,郭伯和根据中共中央军委和特委起义作战计划,部署闸北作战目标为攻打五区警察总署,广东街(今启东路)警署、商务印书馆俱乐部和中华新路警察分所。3月21日上午,郭伯和参加上海区委紧急会议回到闸北,下达中午12时总罢工、举行起义命令。上大组织慰劳队、宣传队、纠察队、救护队,响应和加入全市80万名工人的总同盟罢工。下午4时许,郭伯和率闸北工人纠察队和上大学生在宝山路、虬江路一带围攻奉鲁军和警察。郭伯和单枪匹马收缴敌人枪械,率先攻入五区警察总署;龙树藩、张书德率上大学生紧紧跟上,奋力战斗。东横浜路是淞沪火车必经地,上大学生金耀光等协助工人持枪把守防线,与铁路工人一起撬掉3节铁轨,破坏铁路交通和通讯,打乱军阀部队的行动部署。顾作霖率领沪东工人起义队伍,首先冲到第4区警察署,缴获了20多支长短枪,并乘胜前进又攻占了几个警察所和第3区警察署。作战中,顾作霖身先士卒,勇敢果断,显示了他卓越的组织领导才干。3月22日晨,郭伯和率纠察队,与沪东、沪西纠察队会合,向天通庵车站之敌发动猛攻,激战4小时全歼敌人。接着又猛攻商务印书馆俱乐部守敌,下午4时30分,敌军投降。工人纠察队全部兵力集中向军阀部队最后据点北火车站发动总攻,上大学生100多人加入战斗,下午6时占领北火车站。上海工人第三次武装起义终于取得胜利。3月22日,上海特别市临时政府成立。侯绍裘、林钧、何洛被选为政府委员,林钧任秘书长。拿惯笔杆子的上大人一旦握起枪杆子也是一支勇猛之师,确是革命军里的一支有力的先锋队。

红色学府　鹤鸣九皋

1927年4月12日清晨,蒋介石终也按捺不住,发动了反革命政变,在背后向共产党举起了屠刀。四天后,反动派当局即发出杀气腾腾的"通缉共产党首要令及通缉名单"(原名单197人,后撤销8人,实为189人)。在这份通缉名单中,上大人就有26人,他们是瞿秋白、邓中夏、张太雷、蔡和森、侯绍裘、恽代英、张秋人、萧楚女、沈雁冰、杨贤江、施存统、高语罕、李汉俊、彭述之、刘荣简、余泽鸿、杨之华、王亚璋、龙大道、刘一清、李硕勋、高尔柏、高尔松、何洛、林钧、朱义权。后来在白色恐怖时期,遭国民党反动派当局捕杀的有13位,他们是瞿秋白、邓中夏、张太雷、蔡和森、侯绍裘、恽代英、张秋人、萧楚女、李汉俊、余泽鸿、龙大道、李硕勋、何洛。

反动派当局发出"通缉令"后,紧接着就把黑网撒向上大。据5月5日上海《时事新报》及其他各报报道:"江湾上海大学①

---

① 位于江湾镇附近的上大新校区于1927年元月基本竣工,4月1日,上大从青云路师寿坊临时校舍搬迁于此,正式开学。

于二日下午一点钟被龙华司令部①派兵士三十余人,将该校四周包围,所有男女学生一概不准行动,进出口处皆架起机关枪,一时气象森严。兵士入校后,乃分队命学生集于第一教室,由该队指挥官声明奉司令部命令,限所有学生即刻离去,恐遭危险。当时学生要求准予是晚暂住一夜,当蒙允许。一面由兵士四处搜查有无危险品及某项宣传品,结果并无所得。是夜全体学生仍睡在第一教室,三日纷纷离校。"那一天,反动军警借口搜查军械,闯入上大,抢走学生财物,逮捕几十人,因未抓到"要犯",第二天被捕学生获释,但学校被封,校舍被占。

在那云雾叠嶂的大革命年代,共产党和国民党右派之间的斗争就从来没有停止过,上大始终是革命与反革命斗争的前哨。蒋介石发动反革命政变,在上海首先拿上大开刀,是斗争的必然结果。

正如前文所述,共产党在帮助国民党办好上大的同时,也把上大作为中共在上海地区最重要的活动据地和培养干部的基地。上大在春、秋两季面向社会公开招生,尽管上大为帝国主义和封建军阀所仇视,他们不时地恶意诽谤,谓"东方红色大学"并加以监视,而中外报纸则对上大师生的活动每每争先报道,代为宣扬,因而四方有志青年都闻风接踵而来,有的是因循学校革命之名声从其他学校转学而来,有的是由中共党团组织特地安排从外省市转移过来,有的是由革命领路人介绍而来。例如:薛尚实原在广东某教会学校就读,不甘浑浑噩噩的校园状态,听同学说上大是个"造炸弹的学校"(笔者注:见上文于右任语),毅然和同学一起赴沪,转学上大;杨尚昆是由党组织于1926年春安排进入上大学习的,是年秋又被安排去苏联莫斯科中山大学学习,这样的学生每

---

① "龙华司令部"原址在龙华镇北(今龙华路2577号处),1927年3月21日,白崇禧率国民革命军东路军占领龙华镇,在原淞沪护军使署设上海警备司令部,同年4月改淞沪警备司令部,由国民革命军32军军长钱大钧兼任司令。离司令部不远有个"龙华监狱",最初于1913年建立,1927年起改为淞沪警备司令部军法处看守所。1927—1937年间,曾在此关押不少共产党员和革命志士,其中不少人如上大校友大道最后牺牲于这里。监狱在1937年抗日战争中大部被毁。1985年上海市人民政府在此建龙华烈士陵园,1988年国务院正式把该纪念地列为全国重点文物保护单位。

年都有;刘华是中华书局印刷厂学徒,知道上大是一所革命学校,就给副校长邵力子写了封求学信,邵力子将信转给邓中夏,邓中夏亲约刘华面谈,刘华直说要到上大来学革命道理,且坦露没钱交学费和伙食费,文化基础也低,邓中夏回答,要学革命道理你来就是了,可以不缴学费、书杂费和伙食费,邓中夏还建议说:你先读附中,也可以到大学听课。当时报考上大的青年学子十有占六是冲着社会学系来的,因为这里系统讲授马克思主义学说和社会主义理论,这是其他学校所没有的,这里拥有蔡和森、邓中夏、瞿秋白、恽代英等一批早就被革命青年所仰慕的思想导师,这里还有着其他地方所不曾见过的学习氛围,强调理论与实际结合,鼓励学生走出校门参加革命实践。很多有志青年在这里求学,并由此走上革命道路,成为忠贞的共产主义战士,在他们眼里,上大就是"共产党培养干部的学校"[①],"是第一次国共合作时期我党培养干部的第一所革命学校"[②],时任中共上海地区负责人之一的刘锡吾如是说:"上海大学是党办的学校,实际上等于党校。"至于这所"党校"的作用,阳翰笙的回忆说:"上海大学的学生,党是向两方面输送的,一方面就在上海范围内工作,一方面调到全国各地去工作,去各省、市负责一些工作,还有一部分送到苏联去继续培养。""总支,哪里需要干部就从上海大学调学生,所以上海大学成为当时我们党的干部'储蓄部'。"[③]

由瞿秋白主持的社会学系,除了课程独特以外,在该系任教的教师更是出类拔萃,他们不仅是社会学的理论研究者,也大都是社会活动家、职业革命家,其中不乏中国共产党的早期领导人、杰出的马克思主义理论家、宣传家。他们是:瞿秋白、邓中夏、恽代英、张太雷、蔡和森、任弼时、萧

[①] 黄旭初:《我在上海大学的一段经历》,黄美真等编:《上海大学史料》,复旦大学出版社1984年版。

[②] 阳翰笙:《谈二十年代的上海大学》,张腾霄主编:《中国共产党干部教育研究资料丛书(第2辑)》,中国人民大学出版社1989年版。

[③] 同上。

楚女、张秋人、安体诚、李达、施存统、杨贤江、沈观澜、郭任远、李汉俊、蒋侠僧、萧朴生、董亦湘、沈泽民、侯绍裘等。"上大的社会学教师非不得已不用不合中国社会的社会学教本,他们都是社会学研究者,都将自己编的讲义授给学生。"①这些讲义包括邓中夏的《中国劳工问题》、萧楚女的《中国农民问题》、蔡和森的《中国进化史》、恽代英的《中国政治经济状况》、施存统的《社会思想史》、安体诚的《现代经济学》、董亦湘的《民族革命大纲》、杨贤江的《青年问题》、瞿秋白的《社会科学概论》《社会哲学概论》《现代社会学》和《现代民族问题》等(图1.5)。他们不仅在校内开设这些课程,同时把讲义修改整理,由外面的出版社、书店出版发行,或由报刊发

图1.5　1924年3月发行,瞿秋白著《现代社会学》《社会科学讲义》;1926年6月发行,蔡和森著《社会进化史》;1927年发行,施存统著《劳动运动史》

---

①　施蛰存:《上海大学的精神》,《民国日报》副刊《觉悟》1923年10月23日。

表,"一时上大成为革命学说、革命理论之渊薮是人所公认的"[①]。这些书籍在社会上产生过很大的影响,上大也因此成为中国传播马克思主义学说和理论的重要发源地。中国共产党早期的一些重要理论著作,有不少就是在上大的教学中产生的,在上大执教的这些共产党人推动了将马克思主义理论和中国革命实践相结合的研究和探索,对中国共产党的理论建设起到了开拓性和奠基性的作用。

既掌握革命理论又有丰富的斗争经验,上大的党团员犹如革命火种一样,播撒至上海乃至全国。据不完全统计,1922—1927年期间,上大师生或校友在中共上海区委下属各部(区)委担任书记、委员有26人(次),其中任中共闸北部委书记、委员的有阳翰笙、贺威圣、郭伯和等13人;在上海总工会担任副委员长的有刘华、组织部长龙大道等8人;刘一清、李硕勋、刘荣简先后担任第六届、七届、八届全国学总党团书记;担任国民党江苏省党部党团书记侯绍裘、上海学联党团书记刘峻山等11人;在青年团上海地委担任委员长、书记、委员、部长等职的有14人(次),任各区团委书记、委员8人;在其他社会团体中担任主席、委员、会计等职的有74人(次)。还有14人经党组织推选,从上大出发去苏联莫斯科中山大学、东方大学学习,他们是卜世畸、杨尚昆、王稼祥、秦邦宪、沈泽民、董亦湘、许乃昌、杨之华、沈观澜、严信民、张琴秋、张崇文、罗石冰、瞿景白等。此外,如前文所述,有多名党团骨干被输送去黄埔军校任职、任教、就读。当然,还有很多人投笔从戎,直接参加了北伐军、工农红军等革命武装队伍。

这所"党校"成立不足五载,为中华民族独立和共产主义运动输送了不少英雄豪杰和极有贡献的人才,其中不少人在新中国成立前舍生取义。虽然,时代久远,资料有限,无力查证在中华大地到底埋有多少上大英魂?

---

① 张士韵:《中国民族运动史的上海大学》,《上海大学留沪同学会成立大会特刊》,1936年9月。

但笔者出于对革命先辈的崇敬之情，依然用心搜寻革命先烈的足迹，制表如下，以供祭奠。

姓　名	在上大身份	牺牲年月	牺牲时年龄	牺 牲 地	牺 牲 原 因
黄　仁	社会学系学生	1924.10	20	上海天后宫	国民党右派杀害
何秉彝	社会学系学生	1925.5	23	上海南京路	帝国主义巡捕枪杀
刘　华	附中学生	1925.12	26	上海	军阀孙传芳部杀害
周水平	附中体育教师	1926.1	32	江苏江阴	军阀孙传芳部杀害
萧朴生	社会学系教师	1926.10	29	上海	病逝
贺威圣	社会学系学生	1926.11	24	浙江杭州	军阀孙传芳部杀害
周　泽	社会学系学生	1927	（不详）	（不详）	（不详）
侯绍裘	附中主任	1927.4	31	江苏南京	国民党当局杀害
安体诚	社会学系教师	1927.4	31	上海龙华	国民党当局杀害
萧楚女	社会学系教师	1927.4	36	广东广州	国民党当局杀害
何　洛	社会学系学生	1927.4	（不详）	上海	国民党当局杀害
糜文浩	社会学系学生	1927.5	26	上海龙华	国民党当局杀害
李清漪	社会学系学生	1927.5	25	山东济南	国民党当局杀害
郭伯和	中国文学系学生	1927.7	27	上海龙华	国民党当局杀害
刘含初	校（总）务长	1927.8	32	陕西宜君	陕北军阀杀害
龚际飞	社会学系学生	1927.10	24	湖南长沙	国民党当局杀害
张太雷	社会学系教师	1927.12	29	广东广州	广州起义战斗中牺牲
李汉俊	社会学系教师	1927.12	37	湖北武汉	桂系军阀杀害
王环心	中国文学系学生	1927.12	26	江西南昌	国民党当局杀害
张秋人	大学部英文教师	1928.1	30	浙江杭州	国民党当局杀害
于忠迪	社会学系学生	1928.2	25	湖北汉口	国民党当局杀害
曾延生	社会学系学生	1928.4	41	江西赣州	国民党当局杀害

续　表

姓　名	在上大身份	牺牲年月	牺牲时年龄	牺 牲 地	牺 牲 原 因
王绍虞	社会学系学生	1928.4	31	安徽安庆	国民党当局杀害
沙文裘	社会学系学生	1928.8	(不详)	广东广州	国民党当局杀害
季步高	社会学系学生	1928.8	22	广东广州	国民党当局杀害
曹蕴真	社会学系学生	1928.10	26	安徽寿县	病逝
俞昌准	社会学系学生	1928.11	19	安徽怀宁	国民党当局杀害
何挺颖	社会学系学生	1929.1	24	江西井冈山	保卫战中负重伤而亡
瞿景白	社会学系学生	1929.10	23	苏联莫斯科	错误路线迫害致死
姜余麟	社会学系学生	1931	26	苏联	飞机失事遇难
龙大道	社会学系学生	1931.2	30	上海龙华	国民党当局杀害
罗石冰	社会学系学生	1931.2	35	上海龙华	国民党当局杀害
恽代英	社会学系教师	1931.4	36	江苏南京	国民党当局杀害
王步文	社会学系学生	1931.4	33	安徽安庆	国民党当局杀害
刘晓浦	社会学系学生	1931.4	28	山东济南	国民党当局杀害
刘一梦	社会学系学生	1931.4	26	山东济南	国民党当局杀害
杨贤江	社会学系教师	1931.8	36	日本长崎	病逝
蒋光慈	社会学系教师	1931.8	30	上海	病逝
蔡和森	社会学系教师	1931.9	36	广东广州	广东军阀杀害
李硕勋	社会学系学生	1931.9	28	广东海口	国民党当局杀害
薛卓汉	社会学系学生	1931.10	33	安徽寿县	被张国焘迫害致死
方运帜	社会学系学生	1932.12	26	川陕途中	被张国焘迫害致死
沈方中	学生	1932.12	32	江苏南京	病逝于国民党当局监狱

续　表

姓　名	在上大身份	牺牲年月	牺牲时年龄	牺　牲　地	牺　牲　原　因
吴祥宝	附中学生	1933.4	(不详)	(不详)	(不详)
邓中夏	校(总)务长	1933.9	39	江苏南京	国民党当局杀害
沈泽民	社会学系教师	1933.11	31	湖北黄安	病逝
顾作霖	附中学生	1934.1	26	江西瑞金	病逝
贺　昌	社会学系学生	1935.3	29	江西会昌	对敌斗争中牺牲
瞿秋白	教务长	1935.6	36	福建长汀	国民党当局杀害
余泽鸿	社会学系学生	1935.12	32	四川江安	对敌斗争中牺牲
张崇德	英文系学生	1937	(不详)	(不详)	(不详)
董亦湘	社会学系教师	1939.5	43	苏联莫斯科	错误路线迫害致死
崔小立	社会学系学生	1941.6—7间	(不详)	浙江	对敌斗争中牺牲
徐梦周	社会学系学生	1944	40	陕西	车祸遇难
林　钧	社会学系学生	1944.5	(不详)	浙江	国民党当局杀害
秦邦宪	社会学系学生	1946.4	39	山西兴县	飞机失事遇难
关向应	社会学系学生	1946.7	44	陕西延安	病逝

除了上列英烈以外，在新中国成立后，上大校友中有些人成了党和国家领导人，还有不少人在各级党、政、军部门担任重要职务。他们中有：

任弼时，1924年到上大任教，讲授俄文和马克思主义理论，新中国成立后任中共中央书记处书记、共青团中央名誉主席。

沈雁冰(茅盾)，1923年5月到上大任教，讲授欧洲文学史、小说以及西洋文学概论，还在英文系兼课，新中国成立后历任文化部部长、全国政协副主席。

陈望道，1923年到上大任教，先是担任中国文学系主任，1925年5月邵力子离校，任代理校长兼任校务长，还在中国文学系讲授文法及修辞学，在美术系讲授美学，新中国成立后任民盟中央副主席、复旦大学校长。

周建人，鲁迅胞弟，1924年到上大任教，讲授达尔文进化论，新中国成立后曾任浙江省省长。

郑振铎，在上大中国文学系任教，讲授文学概论，新中国成立后曾任文化部副部长。

王一知，张太雷夫人，1923年下半年进入上大求学，边读书边从事革命工作，新中国成立后历任上海吴淞中学校长、华北中学校长、北师大二附中校长、北京一〇一中学校长。

王稼祥，1925年9月进入上大附中求学，新中国成立后首任驻苏联大使、外交部副部长。

匡亚明，曾就读于上大，新中国成立后历任华东政治研究院党委书记兼院长、中共华东局宣传部副部长、东北人民大学（吉林大学前身）常务书记兼校长、南京大学校长。

阳翰笙，1924年进入上大求学，新中国成立后历任国务院总理办公厅副主任、中国文联党组书记等职。

杨之华，瞿秋白夫人，1923年进入上大求学，新中国成立后曾任全国妇联副主席。

杨尚昆，1925年进入上大学习，1988年当选为中华人民共和国主席。

李伯钊，杨尚昆夫人，1925年进入上大学习，新中国成立后曾任中央戏剧学院副院长、中国戏剧家协会副主席。

李逸民，1924年进入上大求学，1926年入黄埔军校学习，新中国成立后曾任解放军总政治部文化部部长，1955年被授予少将军衔。

李春蕃（柯柏年），1923年进入上大求学，新中国成立后曾任中国驻罗马尼亚共和国大使、驻丹麦王国大使。

沈志远(沈观澜)，曾就读于上大，新中国成立后曾任民盟上海市主委、上海市政协副主席，1955年当选为中国科学院哲学科学部学部委员。

严信民，曾就读于上大。新中国成立后曾任中央民族学院副院长、农工党中央副主席。

张治中，1922冬至次年春，在上大学习俄语，新中国成立后曾任全国人大副委员长、国防委员会副主席。

张琴秋，1924年进入上大求学，新中国成立后任纺织工业部副部长。

张崇文，曾就读于上大，新中国成立后曾任解放军铁道兵政治部副主任，1955年被授予少将军衔。

林淡秋，1922年进入上大求学，新中国成立后曾任杭州大学副校长、中共浙江省委宣传部副部长、浙江省文联党组书记等职。

薛尚实，1926年进入上大求学，新中国成立后曾任同济大学党委书记兼校长。

刘披云(刘荣简)，1925年进入上大求学，新中国成立后曾任云南省副省长。

赵君陶，赵世炎的妹妹、李硕勋的夫人，1925年进入上大求学，新中国成立后曾任北京化工学院副院长。

周文在，1925年进入上大求学，1926年入黄埔军校学习，新中国成立后曾任江苏省政协副主席，1955年被授予少将军衔。

胡允恭，1923年进入上大求学，新中国成立后曾任福建师范学院院长。

还有饶漱石、陈伯达、康生等人也曾就读于上大，新中国成立后也曾身居党政要职，但后来犯有严重错误和罪行，成了反面教员。

上大英才辈出，除了上述查实有据的人物以外，迄今没有一个精确的统计。单就党、政、军领导干部而言，笔者曾看到过一份资料，资料里有这样一段话："1950年，陈望道到北京开会，许多上大学生来看老师，陈问起从上大培养出来的学生现在还有多少人参加革命工作？回答是：从上海大学培养出来的尚有170多人吃小灶①，这说明上大对革命、对党的贡献。"②

在共产党人眼里，上大是"党校"，是"干部储蓄部"，在帝国主义者和反动派眼中，上大是"赤色大本营"。上大成立伊始，双方的斗争就没有停止过。

在中共中央领导人的关心下和上海区委的直接领导下，上大的党团组织发展迅速，很快展现出在组织和宣传方面的明显优势，在马克思主义意识形态的强势主导下，上大的"左倾化"越来越明显，"颜色越来越红"，自然引起了租界内帝国主义殖民机构的畏忌，也引起了校内外国民党右派的忌恨。前文已述，上海公共租界工部局在1924—1925年一而再、再而三地对上大使出各种卑劣手段，且最终动用武力封闭了上大西摩路校园。在国民党右派方面，对上大革命局面的破坏从来没有消停过。据杨之华回忆，1924年9月间，瞿秋白从广州回到上海后，给上大党员做了几次报告，详细分析了革命斗争的形势，指出革命运动的发展引起了国民党右派的加紧反扑，并阐明了当前党的方针和政策。果然，国民党右派于1924年"双十节"在上海制造了杀害黄仁的血案。党为了开展国民会议运动③，决定于"双十节"召开一次群众大会，就叫"国民大会"。国民党右派却利用这个大会为盘踞沪上的军阀卢永祥作伥，勾结帝国主义和军阀，收买地痞流氓打击革命力量。"双十节"的前几天，中共上大党支部召开会议，商量大会筹备情况，瞿秋白到会并指示要密切注意国民党右派的阴谋

---

① 新中国成立初期，对国家干部实行供给制，按照行政级别享受着供给制的物质生活。集体食堂里的伙食标准分大灶、中灶、小灶和特灶，"吃小灶"意指较高级别的干部。

② 乐嗣炳：《回忆上海大学》，张腾霄主编：《中国共产党干部教育研究资料丛书（第2辑）》，中国人民大学出版社1989年版。

③ 国民会议运动是国共合作的产物，是国共两党共同领导人民群众，向帝国主义和封建军阀夺取解决国事权利的斗争，广泛进行了反帝反封建的宣传，而且把城市各革命阶级和思想先进的群众动员起来，共同形成了一股来自革命意识与民族意识的对内反对军阀混战的进步革命与对外反对帝国主义的独立革命。

活动。10月10日,国民大会假座北河南路天后宫如期举行,上大学生黄仁、郭伯和、林钧、何秉彝、王秋心、王环心、刘一清、杨之华等多人参加。其时,全国学生总会主席在台上演讲,义正词严地呼吁:"今天的国民大会就是要打倒帝国主义和一切军阀。"台下上大学生拍手鼓掌,高声响应,大会主持人、国民党右派喻育之气急败坏,狂吼喝止,大队早已暗藏在台下的短衣纹身之流氓,一呼百诺,蜂拥而上,围殴台上台下的学生,黄仁、郭伯和、林钧等人上台质问并解救同学,遭流氓重殴,黄仁竟被流氓从高逾2米之台推下,身负重伤,急送医院,不治身亡,救治中瞿秋白亲往医院探望。

国民党右派何世桢在校内依仗西山会议派①首要人物谢持、叶楚伧的势力,从没有停止过对共产党和国民党左派的攻击,他煽动右派学生在他们主办的校刊上刊登诋毁孙中山"联俄、联共、扶助工农"三大政策的文章,谩骂瞿秋白,冲击会场,砸烂会议室玻璃窗,呼喊口号"打倒共产党",以致与进步学生发生肢体冲突。黄仁事件后,国民党右派在上大愈益不得人心,是年冬,何世桢等人带着一些右派学生离校,另办了持志大学。上大仍由共产党和国民党左派执掌,直至1927年5月2日,被国民党反动派封闭,殃及所有上大学生的学籍都不予承认②。

1927年4月12日,为反对蒋介石四一二反革命政变,上大师生参加青云路广场集会和游行示威,要求交还工人纠察队枪械。4月13日,上大师生再次参加上海总工会召开的10万群众大会,控诉反动派屠杀总工会委员长汪寿华及革命者的罪行。会后,群众冒雨游行示威抗议,当游行队伍行至宝山路时,反动派开枪屠杀徒手群众,工人、学生牺牲百余人,伤者数百人。上大学生也有伤亡,宝山路上烈士的血水流淌成

---

① 国民党内的一个反对孙中山联俄、联共、扶助农工三大政策的派别,代表人物有谢持、邹鲁、林森、张继、居正等。

② 经于右任力争,直至1936年6月,国民政府教育部才颁令"追认上海大学学生学籍与国立大学同等待遇",向所有上大毕业或肄业的学生补发毕业证书或肄业证书。

河,这是上海人民最后一次看见"上海大学"的校旗被反动派军队无情践踏。

　　这所上海大学的具体形态已经不复存在,但已不再重要,因为它的精神本质犹如鹤鸣九皋,声闻华夏!

第二章
继往开来

科大：院市共建　所系结合

科大全名是上海科学技术大学，校址在上海市嘉定区城中路20号，建于1958年，简称为上科大。

1958年的夏天似乎来得格外早。就在这一年的5月19日，在上海市华山路370号海格大厦（时为中共上海市委办公楼，现为静安宾馆）里热气腾腾，国务院副总理兼国家科学技术委员会主任聂荣臻正与上海市的党政主要领导热烈讨论，决定立马创建上科大，而且要"当年筹建，当年招生"，还决定由中国科学院和上海市共建。

要建上科大的决定起源于中央关于国家科技发展的战略。1955年秋至1956年春，由国务院总理周恩来直接领导，副总理陈毅、李富春、聂荣臻主持，召集了来自全国的几百名专家、学者，集中在北京西郊宾馆，费时近半年，制定了我国第一个科学技术发展规划，即《1956—1967年全国科学技术发展规划》，全面部署了我国未来12年的科学技术发展重点，其中确定了57项任务。当规划工作领导小组向国务院汇报的时候，周恩来提出要从这57项任务中找出特别紧迫的需要国务院支持的项目。规划小组又另外组织了一个"紧急措施小组"，这个小组成员中有钱学森、钱伟长、钱三强。据钱伟长晚年回忆，当初他们提出要重点发展原子弹、导弹、计算技术、半导体、自动化、电子学等6项，一开始还遭到大多数与会者的反对，这些人认为应该重点发展基础学科，后来经过激烈辩论，尤其是钱学森、钱伟长、钱三强意见一致并据理力争，规划最终确定把这6项任务作为重点发展项目。中央决定，原子弹和导弹作为国防项目，由国家另行安排，另外4项形成文件，即被称作"四大紧急措施"。根据中央部署，一批专事原子弹、导弹、计算技术、半导体、自动化、电子学等研制工作的研究院、所先后成立。为及时培养和输送这些方面的科技新生力量，中央同期决定，在北京和上海同时创办中国科学技术大学（简称中科大）和上科大。两所科大建校初期所设置的系科与新办的研究院、所对应，如上科大在1958—1960年期间，设立了工程力学（火箭总体设计）、原子能（原子能物理、放射化学）、技术物理（半导体物理）、无线电电子学、自动化、计算数学、化学冶金与物理冶金、硅酸盐化学与工学、元素有机化学、生物物理化学等系科。

中央和中共上海市委、上海市人民委员会决定在上海办科大也是上海发展战略中的重要部署。20世纪50年代中期，上海根据上海工业基础条件和科技优势做出工业生产向高（级）、精（密）、尖（端）方向发展的决策，提出了赶超国内和国际先进水平的口号。1958年5月召开的中共第八次全国代表大会第二次会议上，提出了工作重点转移的问题，同时，这次会议正式通过了"鼓足干劲，力争上游，多快好省地建设社会主义"的总路线。这次会议完全肯定了当时已经出现的"大跃进"。在1958—1960年三年"大跃进"中，虽然发生了急于求成、夸大主观意志和主观作用的错误，给经济建设带来很多问题，但上海作为中国最重要的工业重镇和重要的科研基地之一，上海的工人阶级和科技工作者发扬了自力更生、奋发图强的精神，在经济建设上还是不断有所建树，包括建立了一批新技术研究基地，发展尖端科学事业。三年中，上海建成了一个基本能适应经济建设和国防建设发展需要的科研体系，建立了原子核、计算技术、技术物理、电子学和力学等16个新技术研究所以及地空导弹试制技术基地,还新建了一批独立科研单位,许多企业建立了自己的研究室或中心试验室。这一时期,上海突破并取得了当时急需的新技术成果,研制成功不少高、精、尖产品。为了组织和动员全市各条战线的科技力量进一步发展高、精、尖的科技和工业产品,中共上海市委于1960年初召开市科技工作会议,国务院副总理聂荣臻到会讲话,要求把上海建设成一个具有高度科技水平的大城市。该次会议制定了三年和八年科技发展规划,统一部署、协调和实施科研计划和工业技术改造计划,推动上海科技和工业向更高水平发展。另外,国务院于1958年先后分两次将江苏省的上海、宝山、嘉定、川沙、松江、金山、青浦、奉贤、南汇、崇明等十个县划归上海市管辖,上海市的土地面积从650余平方公里一下子增加到近6 000平方公里。上海乘势而上,在1958—1960年三年间,加紧建设卫星城镇和新工业区,形成一批新的工业生产基地,其中距市中心33公里的嘉定,就建为"科技卫星城",定位为上海科研和仪表工业的基地。那时期,嘉定集聚着中国科学院属下的上海硅酸盐所、上海光机所、上海理化所(即上海原子能所,现上海应用物理所),还有四机部(电子工业部)的华东计算技术所、中国核工业集团的核工业八所。上海根据这样的战略决策和院、所布局,上科大和比它晚一年创建的上海第二科技学校也都相呼应地落户在嘉定。

1958年5月23日,受命办校的中科院上海办事处①在上海市副市长兼中科院上海办事处主任刘述周②的总体负责下,"筹备上海科学技术大学委员会"在办事处大院内(岳阳路320号)挂牌,具体工作由办事处主持工作的副主任、党委书记王仲良主持。刘述周既是上海市分管科技工作的领导,又是中科院在上海的领导,所以,上海办事处有关筹建工作实际

---

① 1950年3月,中科院在上海成立华东办事处。1955年1月,华东办事处更名为上海办事处。1958年11月,中科院上海分院正式成立。1963年10月,上海分院更名为华东分院。1977年11月,恢复成立中科院上海分院。

② 刘述周于1958年12月起担任中共上海市委书记处候补书记、书记,并兼任市科委主任、中科院上海分院院长,1965年离任赴京担任中共中央统战部副部长。

上还是在中共上海市委、市人委的领导下开展。

1958年5月24日,上科大筹委会召开上海地区的中科院各研究所所长和党组织书记会议,王仲良向与会人员通报了聂荣臻等领导关于建立上科大的决策情况,传达了领导关于"全院办校,所系结合,分头包干"的建校方针,明确要求各个研究所要分别负责为上科大各办一个系。各个研究所闻风而动,硅酸盐所筹建硅酸盐化学与工学系,冶金所筹建化学冶金与物理冶金系,技术物理所筹建技术物理系,无线电电子学系由上海机电设计研究院、电子学所、华东计算技术所共同筹划,上海机电设计院还要筹建工程力学系,有机化学所和药物所筹建元素有机化学系,生物化学所筹建生物物理化学系。筹建事项包括专业建设、课程建设、实验与实习安排、兼课教师选派等,专业课师资、实验室、实习工厂、图书馆、教学设备及教材的修订,涉及办学的各个方面几乎由各有关研究所全包。

5月下旬至6月上旬,王仲良邀请各个研究所的科学家举行了一系列座谈会,讨论上科大的办校宗旨与建校方针,探索中科院与上海市联合办学之路。最终形成五条意见:一是,上科大一定要纠正早几年全盘照搬苏联的做法,突破旧的理工科大学的体制,办成"新型的、多科性的、理工结合"的大学,所谓"新型",就是指设置的系科属于新兴、边缘、交叉学科领域,"多科性"是指学科门类比较齐全,"理工结合"是指在加强基础学科建设、重视基础理论教育的同时,加强理工交叉类学科建设,强调理工类专业是"工"中有"理"、"理"中有"工",把科研与工程技术结合在一起;二是,培养的学生与以往按苏联模式办的理工科大学的学生相比,"基础理论扎实一点,基本知识面广一点,基本技能强一点,外语水平高一点";三是,要坚持"以严肃的态度,严格的要求,严谨的学风"办学;四是,学校要围绕"创办'高、精、尖'学科专业的新型大学"这一办学目标,为国家及上海的科研机构和新技术工业基地,培养又红又专的、德智体全面发展的高级科研和工程技术人才;五是,实行全院(中科院上海科研系统)办校,落实院办校、所办系、院校结合、所系结合。

在1958年那个全国各行各业推崇"共产主义大协作"、每天都会有奇迹发生的年代,上科大的建设速度非常惊人。1958年5月下旬开始筹备,当年9月,已经以"中国科学技术大学上海分校"的名义招收了488名新生。新生是到中科院上海办事处报到,并在办事处礼堂举行了正规的新生入学仪式,上科大在中科院的院落里"呱呱落地"。但上科大校舍、教学安排和后勤保障等尚未落实,"新生儿"需要寄养,中共上海市委同意上海办事处党委的意见,委托复旦大学、上海交通大学、华东师范大学、华东化工学院、上海第一医学院、中科大等院校,代为培养上科大新生两年。1958年9月14日,上科大在临时校址(上海市欧阳路221号原光华大学旧址)挂牌,校名是由中科院院长郭沫若书写的,校舍与上海机电设计院合用。直到1960年9月底,位于嘉定城中路的校园落成,上科大师生这才有了自己的家园。

1959年9月,中共上海市委任命中科院上海分院副院长周仁(1955年当选为中科院首批院士[①])兼任上科大校长(图2.1)。是年6月,王仲良已经召开过各研究所所长会议,会议要求各所按照"全院办校,所系结合,分头包干"的既定方针,落实研究所所长对位兼任上科大相关

图2.1　上科大1959级新生开学典礼,校长周仁讲话(1959年9月)

系的主任。1959—1964年在上科大兼任系主任的有:技术物理所创始人谢希德(1980年当选为中科院院士)兼任技术物理系主任,冶金所党委书记兼副所长万钧兼任化学冶金与物理冶金系主任,硅酸盐所副所长严东生(1980年当选为中科院院士、1994年当选为工程院院士)兼任硅酸盐化

---

① 1993年10月以前,称为中科院学部委员。

学与工学系主任,有机化学所副所长汪猷(1955年当选为中科院首批院士)兼任元素有机化学系主任,生物化学所所长王应睐(1955年当选为中科院首批院士)兼任生物物理化学系主任,中科院上海天文台台长李珩兼任计算数学系主任;还有,生物化学所的资深研究员沈昭文(1940年留学加拿大,同行者有钱伟长、郭永怀等人)兼任生物物理化学系副主任,冶金所资深研究员邹元曦(1980年当选为中科院院士)兼任化学冶金与物理冶金系副主任,有机化学所资深研究员黄耀曾兼任元素有机化学系副主任。同期,学校又聘请上海机电设计院总工程师王希季(1993年当选为中科院院士、"两弹一星功勋奖章"获奖者)兼任工程力学系主任,把上海机电一局副局长胡汝鼎调入上科大任自动化系主任,把上海市内电话局副局长毛启爽调入上科大任无线电电子学系主任。上科大初创时的校长和所有系主任,无一不是国内各自学科领域的领军人物。这批学界翘楚尽心尽力,在1958—1966年的几年时间里,垒起上科大事业发展的基石,架起科技与教育沟通的桥梁。

"全院办校,所系结合,分头包干"的建校方针极具前瞻性。虽然上科大初创阶段十分艰难,但办学起点高,学科定位准,各系科在学科带头人的"传帮带"下,很快建立起老中青结合的教学团队,人才培养特别注重教学与科研的结合,教材编写始终贴近学科发展前沿,教学管理严格,使得学校成立不久就取得了骄人的育人成果。1964年7月,学校收到中科院上海分院提供的一份有关上科大首届毕业生(1963年毕业)业务质量情况的资料。在该份资料中,清楚地记录着这样一个排名:1963年,中科院对当年分配到该系统内的79所高校数千名毕业生进行书面统考,考试结果是,专业课成绩排名上科大毕业生位列第一,北大、清华分列第二、第三;基础课成绩排名是北大的毕业生位居第一,清华第二,上科大第三①。截至1966年,上科大在短短几年的办学时间内,就为国家培养了一批杰出

---

① 《上海科学技术大学志(1958.5—1994.5)》,第11页。

科学家,如:著名神经生物学家杨雄里(1963年毕业、1991年当选为中科院院士),著名复合材料专家孙晋良(1968年毕业、1993年当选为工程院院士),著名有机化学家林国强(1964年毕业、2001年当选为中科院院士),著名数学家郭本瑜(1965年毕业,首创非线性差分格式稳定性理论,该理论在国际上以他的姓氏命名,称为G—稳定性)。

在上科大建校史上还有重笔浓彩的一页,那就是在1960—1965年开办的"工人班"。20世纪五六十年代,在上海工业系统涌现出一大批思想好、技艺精的"能工巧匠",这批人是上海工人阶级中最具代表性的先进模范人物,但他们文化程度普遍较低。为了实现劳动人民知识化、缩小体力劳动与脑力劳动的差别、培养这些工人成为"工人工程师"以逐渐改变科学研究和工程技术领域的人员结构,1960年6月中共上海市委同意上科大从生产第一线招收工人学员的意见。当年即招收了251名,其中党团员占九成以上,著名的全国劳动模范王林鹤、杨新富、谈山林、李福祥等名列其中。后来几年又陆续招收了250余名。学校对工人班学生的教育,采取了改革教学制度、精简教学内容、改进教学方法、保证教学质量等措施,并配备了一批政治、业务都好的教师来担当教学任务。1965年3月,上科大全体师生为工人班首批毕业生举行隆重的毕业典礼。1991年,上科大曾对工人班毕业生做过一次抽样调查,调查结果表明,有60%的人成为生产第一线的工程师或车间负责人,20%的人担任总工程师、高级工程师等技术领导职务,还有10%以上的人担任处级以上党政领导工作,其中包括宝钢集团副董事长王佩洲等人。

1968年9月,上海市革命委员会一纸批文:"上海科学技术大学划归市革委会文教组领导",贸然割断了上科大和中科院浑然天成的亲密关系[①]。1994年4月,上科大建制撤销,成为新上海大学的组成部分,校园成为上海大学嘉定校区。

---

① 2013年在上海浦东成立的"上海科技大学"与上科大没有传承关系,但恰恰重走当年上科大的创建之路,也是由中科院和上海市共建。

科专：七易校名　特色不变

科专全名是上海科技高等专科学校，校址在上海市嘉定区金沙路280号，前身是建于1959年的上海计算技术学校。

1959—1994年，科专四次变更主管部门，七次更改校名，然而科专始终坚持办学目标不变，即"为国家和本市科研机构、高等院校及工业部门培养其需要的实验技术人才"；坚持人才培养目标不变，即"拥有扎实的数理化基础，掌握较深的专业知识，具有很强的动手能力"。学校从中专到大专再到本科，实现持续发展。

上海计算技术学校，与上科大诞生于同一时期。由中共上海市委教卫部、市科委、中科院上海分院以及华东计算技术研究所共同筹建，挂牌当年即改名为上海科学技术学校。首任校长胡介峰原是复旦中学的校长。

上海计算技术学校是由上海市复旦中学高中部改制而成的。这所复旦中学不是现在的复旦附中，却与复旦大学"本是同根生"，同属中国现代高等教育奠基人、"爱国老人"马相伯先生在1905年创办的"复旦公学"。复旦公学设立大学部和中学部，1917年，大学部和中学部分别更名为复旦大学和复旦附中。1944年,复旦附中又正式更名为复旦中学。1912年,中华民国临时大总统孙中山授令南京临时政府,指拨位于上海市海格路的李公祠(李鸿章家祠,现华山路1626号复旦中学校址)为复旦公学校址。1922年,复旦大学迁至上海江湾,复旦中学仍留原址直至今日。现在的复旦中学校门就是当年的李公祠大门,是一座高大的红砖牌坊,至今保存完好。把这样一个有着深厚人文底蕴、教育质量稳定、基础教育师资力量强的普通高中直接改制为中专,符合当时那个年代"多、快、好、省"的建设思路。1960年,学校迁至嘉定金沙路280号新校区,并改名为上海第二科学技术学校(简称二科技)。

二科技建校初期,定位是中专,招收初中毕业生,学制为4年。在20世纪五六十年代,中专的入学门槛要比普通高中高不少,专业设置起点也很高。学校原计划设置的专业是计算技术、电子学、精密机械、技术物理、海洋、天文地球物理、力学等7个,既有先进技术学科又有基础学科。1961年,学校根据上海经济发展需要,确定招生的专业只是前面4个。专业设置有所调整,但人才培养要求和毕业生服务面向没有变化。1960—1966年[①]学校向社会共输送中专毕业生1 428名,其中大部分人进入上海的大学、研究所以及仪表电讯工业局所属企业。这些毕业生与当年的大学毕业生相比,基础理论也不差,实际操作能力更强,在大学实验室、研究机构以及企业内部技术开发部门活力四溢,其中不少人很快成为不可或缺的业务骨干。这已成为科专建校史上一段最值得回味的篇章之一。

20世纪六七十年代,科专的前身频繁地变换主管部门与更名,更多地折射着一个年代的动荡。1963年3月,原由中科院上海分院主管的二科技划归上科大主管。1969年12月,二科技又从上科大划至上海市仪表电讯工业局(简称上海仪表局)主管。1970年11月,二科技与上海仪表电讯工业半工半读专科学校、上海医疗器械专科学校、上海无线电工业学校合

---

① 学校由复旦中学高中部改制,即复旦中学原在校400多名高中生直接改读中专,所以在1960年夏就有中专毕业生。

并,组建为上海电子专科学校,仍归上海仪表局主管。1975年5月,上海电子专科学校更名为上海市仪表局"七二一工人大学"①。1978年10月,原二科技从这所工人大学中划出,并改名为上科大分部,又归上科大领导,当年还招收了一届四年制本科生,1979年开始又改招三年制大专生。1981年12月,上科大分部改名为上海科技专科学校(图2.2),定位为高等专科学校,行政上建制独立,属上海市高教局领导,党的关系仍属上科大党委领导。上海科技专科学校什么时候改名为上海科技高等专科学校,

图2.2 科专校门(摄于20世纪80年代)

---

① "七二一工人大学",是"文化大革命"那个特定历史时期的产物。1968年7月21日,毛泽东在《人民日报》关于《从上海机床厂看培养工程技术人员的道路(调查报告)》的编者按清样中加写了这样一段话:"大学还是要办的,我这里主要说的是理工科大学还要办,但学制要缩短,教育要革命,要无产阶级政治挂帅,走上海机床厂从工人中培养技术人员的道路。要从有实践经验的工人农民中间选拔学生,到学校学几年以后,又回到生产实践中去。"这段话后来被称为"七二一指示"。次日,《人民日报》发表了这篇调查报告和编者按语。编者按语说,这个调查报告"提出了学校教育革命的方向"。同年9月,上海机床厂为贯彻"七二一指示",创办了"七二一大学"。1975年6月,教育部在上海召开全国"七二一"工人大学教育革命经验交流会。会后,"七二一大学"在全国获得了突飞猛进的发展。1979年9月,教育部在河南省郑州市召开全国职工教育会议。会后,对原"七二一大学"进行了改造,统一改称职工大学。

上大现存档案中不见正式批文,但在1994年5月前,科专新校门上挂的校牌就是"上海科技高等专科学校",而不是老校门原来挂的"上海科技专科学校",国家教委在1994年4月25日批复的《关于同意上海市四所高校合并建立上海大学的通知》(教计〔1994〕110号)行文中,也是把它称为上海科技高等专科学校。

1994年4月,科专建制撤销,成为新上海大学的组成部分,校园于2001年转让给上海科学技术职业学院,这所学校与科专没有传承关系。

美院：几经沉浮　终成第一

美院全名是上海大学美术学院，原址在上海市长宁区凯旋路30号，前身是建于1959年的上海美术学校。

上海襟江临海、承南接北，长期引领中国开放风气之先，它不仅是中国近代工业的发祥地，思想上的自由与兼容并包也使得上海成了中国近代新文化运动和艺术教育的策源地，成为中国文化的中心、艺术的殿堂，成为众多艺术学子仰慕向往的圣地。上海近代美术学校，最早并且最具影响的当推19世纪60年代初创办的土山湾画馆。该画馆是中国最早的西洋美术传习场所，徐悲鸿先生称其为"中国西洋画之摇篮"。在上海，与土山湾画馆相类似的西画传习所还有20世纪初创办的上海油画院、中西图画函授学堂、背景画传习所等。1912年由刘海粟等人创办的上海美术专科学校，是中国近代第一所正规的新型美术学校。该校以上海为依托，为中国美术界和美术教育机构输送了大量杰出的美术人才，对中国的美术创作及美术教育事业产生了深远的影响。继上海美术专科学校之后，在上海又相继创办了上海艺术专科师范学校、新华艺术专科学校、昌明艺术专科学校、苏州美术专科学校等。1952年全国高等教育"院系调整",上海美术专科学校同颜文樑先生创办的苏州美术专科学校与山东大学艺术系合并,成立了华东艺专,先是办在无锡,后来迁到南京,改名为南京艺术学院,其他在上海的美术学校也都相继迁走或停办,上海曾经拥有的美术教育的繁荣就此萧条。1952年以后,上海居然没有一所美术院校。

  为了尽早解决这一实在令上海人尴尬的事,上海市的领导于1958年决定要在上海筹建一所高等美术学院。作为筹建工作主管单位的上海市文化局为慎重起见,决定利用正在筹建中的"上海中国画院"人才上的优势,先在画院里办一所附设的中等美术学校,为今后正式建立高等美术院校积累经验和力量。1959年,一所名为"上海美术学校"的中等美术专科学校在年初开始招生,3月份正式开学,学制三年,以中国画为主。画院负责人汤增桐兼任校领导,教师主要由画院的画师兼任。校址在淮海中路1413号原鸿英图书馆二楼,与靖江路42号的画院前后相通,但学校没有挂牌。

  1959年暑期,上海市文化局党组根据北京中国画院院长陈半丁先生的建议,并报批中共上海市委宣传部同意,上海美术学校搬离画院,迁到了华山路1448号,并正式挂牌。与此同时,以中共上海市委宣传部副部长兼市文化局局长徐平羽为首的"上海美术学院"筹备委员会的工作也在紧锣密鼓地进行中。关于学校的名称,中共上海市委书记兼宣传部部长石西民认为,学校初办,规模还比较小,不一定马上就称作"上海美术学院",还是先叫"上海市美术专科学校"为好。他说:"学校初办,名字不要搞得太大,不要名气,主要是办学质量要高。""你们把学校办好了,培养出来的学生质量比别人高,这才是最重要的,不要同人家比名气。"就这样,虽然学制还是按照原定的四年制本科不变(1961年9月,学制由四年改为五年),但校名却改成了"上海市美术专科学校"(简称上海美专),成为一所培养本科生的专科院校[①]。

---

  ① 按照新中国成立后的教育体制,招收本科以上学历的学校称为某某大学或某某学院,招收大学专科学历的学校称为某某专科学校。

1960年9月，上海美专在陕西北路500号①正式开学，学校隶属上海市高教局和文化局双重领导。同年10月，上海市政府任命上海博物馆副馆长沈之瑜兼任副校长（没有设校长）。1962年1月，由陈明接任。学校本科开设中国画、油画、雕塑、工艺美术等四个系，还招收四个预科班。学校创立之初，规模不大，校名也不够响亮，但师资水平却是很高的，海上画坛名流耆宿几乎都齐聚名下。1962年2月，学校迁至梵皇渡路（现万航渡路）1575号原圣约翰大学旧址。

正当上海美专步入正轨之时，1962年的国家经济困难又拖住了学校前进的步伐。当时，全国有不少学校受命停办，上海美专也被纳入其中。后经中共上海市委请求，国务院同意上海美专"办完为止"，暂不解散学校，一俟在校的学生毕业后即停办。1965年7月，上海美专首届也是唯一一届本科生毕业，学校随之"办完"。学校以上海美专的名义办学的历史很短，但它在中国美术领域还是留下了深深的痕迹。上海美专毕业生、著名油画家邱瑞敏回忆说："1980年夏天，北京来电邀请我到中南海，与当时的中央美院油画系主任靳尚谊一起合作创作历史画《共商大事》，在里面画了将近四个月。在此期间，靳先生就多次对我说，你们上海美专，只办了一届，就培养出了一批人，我一定要到你们那里去取取经，特别要同孟光先生碰碰头，看看你们是怎么培养学生的。"

1962年下半年，上海美专以上海轻工业系统仍然需要工艺美术方面的人才为由，征得上海市文化局、高教局领导的同意，以"上海市美术学校"（简称上海美校）之名继续办学，同时开办大专学制的上海市工艺美术训练班。上海美校是中专学制，在校内被称为"新中专"，1959年办的上海美术学校则被称为"老中专"。于是，保住了上海美专的"血脉"。上海美校校长和上海市工艺美术训练班主任仍由陈明担任。1965年7月，上海

---

① 即"西摩路会堂"，落成于1920年，是当年生活在上海的犹太人宗教信仰活动的中心。我国改革开放后，有不少来自世界各地的犹太人和许多外国政要到这里参观访问。1994年，上海市人民政府公布为上海市优秀历史建筑。

美专已经"办完"。1965年8月,上海市轻工业局向中共上海市委宣传部和市政府提出接办上海美校和上海市工艺美术训练班,获得批准,学校按照轻工业局的安排,从梵皇渡路搬迁到了漕溪北路502号轻工业局干部学校内。这里是土山湾孤儿院旧址。土山湾孤儿院附属的美术工场就是上文所提到的土山湾画馆。真是历史的造化,100年后的1965年,上海唯一的一所美术专门学校又回到了上海现代美术发轫的"原点"。

"文化大革命"开始,上海美校陷入动乱之中。当时轻工业局的造反派头头打算解散学校。作为"斗(争)、批(判)、撤(销)"的过渡,1970年将学校从漕溪北路干部学校迁到了天津路414号一幢破旧的老式弄堂房子里。由于当时社会上非常需要美术人才,学校领导和老师们抓住这个机会,与上海人民美术出版社(时称"上海市出版革命组")一起,在1970—1976年,联合举办了6期"工农兵美术创作学习班",学习班的学习期限有半年至一年不等。后来又开设了"工艺美术学习班",还在轻工业局技校的学生中招收了几期应届中学毕业生。1966—1976年,上海美校在寒风中顽强生存。

1978年改革开放的春风劲吹,上海美校获得生机。1983年,上海美校并入原上海大学。上海市政府发文,决定"在上海市美术学校的基础上筹建上海大学美术学院",校址也从天津路414号迁到了凯旋路30号(图2.3)。

图2.3 原上大美术学院校门(上海市凯旋路30号,摄于20世纪80年代)

1984年11月，上海大学美术学院正式宣告成立，开始招收本科生，隶属上海市高教局。1994年5月，隶属新组建的上海大学。2000年9月，院址从凯旋路30号迁入上大路99号上海大学新校园内。2016年，上海大学美术学院改名为上海大学上海美术学院。

从1959年建立上海美术学校开始，直到成为上海大学上海美术学院，经历了57年的风雨沧桑，几经沉浮，这所专业齐全、师资队伍强大、上海解放后创办的第一所高等美术学府终于掀开了历史新篇章。

工大：勤俭办学　自强不息

工大全名是上海工业大学，校址在上海市静安区（原闸北区）延长路149号，前身是建于1960年的上海工学院。

现在，人们走进延长路校区大门，迎面是一个花坛。花坛里耸立着一块镌有"自强不息"四个红色大字的巨石。若把年月退回至50年前，当你踏进校门，也是这个花坛，映入你眼帘的却是一个经绿化工人用瓜子黄杨①精心栽培、修剪成的"勤俭办学"四个大字。"勤俭办学"加上"自强不息"这八个大字，浓缩了工大建校几十年的历程。

上海工学院（简称工学院）是20世纪五六十年代上海经济发展处于高潮时期的产物。新中国成立后的五六十年代，上海迎来经济发展高潮，并因此成为年轻共和国最重要的工业基地。如1960年，上海人口只占全国人口总数的1.6%、土地面积只占0.06%，但国民生产总值却占全国的11%，财政收入占21.2%，财政上缴占中央财政收入的1/6，占中央可支配收入的1/3。1958—1960年三年中，

---

① 常绿灌木或小乔木，园林中常作绿篱、大型花坛镶边，修剪成球形或其他整形栽培。

上海的经济建设不断有所建树，兴建了上海第五钢铁厂、重型机器厂、彭浦机器厂、闵行发电厂、吴泾热电厂、铁合金厂和生产稀有特殊金属材料的跃龙化工厂等大型骨干企业；扩建和改建了一批大型工业企业，同时筹建了精密合金、高温合金、精密机械、汽车、拖拉机、塑料、合成纤维等一些新兴工业部门，发展了一些新产品；在工业技术装备方面，制造行业机械化、自动化水平有了明显提高；建立了一批新技术研究基地，发展尖端科学事业；辟建卫星城镇，形成了一批新的工业生产基地，包括在闸北彭浦地区开辟以机械制造、冶金为主的"彭浦工业区"，为此延伸了共和新路，开辟了灵石路、延长路，延伸了西宝兴路，改建了江场路，一大批大型骨干企业迁入或新建，其中有中国电器行业龙头企业华通开关厂、最早制造国产化回旋加速器的先锋电机厂、被誉为"中国履带式推土机的摇篮"的彭浦机器厂，也有因为大胆革新、使用小型设备加工大工件而闻名，被时任中共中央总书记的邓小平赞誉为"小猴骑大象"创举的先进企业——上海压缩机厂，迄至1965年，只有几平方公里的彭浦地区已建有国有大中型企业175家，成为上海地区最重要的制造业基地之一。

把上海推上中国的经济高地，最主要的是构筑人才高地，人力资源始终是上海发展的第一要素。在一批批上海儿女奔赴全国各地、支援国家建设的同时，上海也汇聚了全国各行各业的优秀人才。1960年，尽管国家正处于经济异常困难阶段，地方财政也很困难，但中共上海市委、市政府高瞻远瞩，仍然决定要办一所服务于上海工业发展的地方大学，并实现当年筹建、当年招生。起初想办的学校是上海工业师范学院，目的是要为上海各类技工学校输送专业师资，后来办成的是工学院，直接为上海工业支柱产业输送高层次工程技术人员。

1960年7月，成立了以上海交通大学校长谢邦治为主任委员、中共上海市委工业部副部长李华为副主任委员的建院筹备委员会，并由李华、杨仲明、傅继生等三人专职负责。工学院成立后，李华被市委任命为党委书记兼院长（图2.4）。

图 2.4 上海工学院成立暨第一届开学典礼(主席台就座者左二为李华,发言者为教师代表朱家骏,摄于 1960 年 9 月)

开创阶段,学校的专业设置完全立足于上海工业支柱产业发展需要,设立了电机工程、机械工程、冶金工程、仪表工程等 4 个系和相关 9 个专业。教师 100 余人,其中一半从全国各地高校和工厂的工程技术人员中抽调,还有一半教师是刚刚大学毕业的年轻人,专业骨干教师主要来自清华大学、北京钢铁工业学院、哈尔滨工业大学、上海交通大学、西安交通大学、浙江大学等名校,党政干部包括学生辅导员大多由中共上海市委工业部从工业系统中抽调。

学校选址闸北区延长路 149 号,一是毗邻彭浦工业区,便于教育与生产劳动相结合,二是可以充分利用该地原先具备的办学条件。这个地方办学校可以追溯到 1923 年,是年,美国南浸信会传教士万应远,在北宝兴路建造浸会庄(包括现在的延长路 149 号),用于传教和办学。1925 年由南浸信会创办的"晏摩氏女中"迁入浸会庄,1947 年由南浸信会创办的沪江大学附中也迁入这里。1952 年,上海市教育局接管并合并这两所教会学校,是为上海市北郊中学。1956 年,北郊中学迁出该地。1959 年,创办于 1954 年的上海交通大学工农预科迁入这里,与原先已在的交大基础部会合。工学院刚起步时,校舍是在浸会庄的西面,现在称作延长校区"西部"的地方。"西部"在1946—1951年期间,是浸礼会的中华浸会神学院。1952年夏,该院并入南京金陵协和神学院。接着,在这里又办起了共青团上海市团校。团校于1960年前迁出,就成为工学院最初的校园。1962年,交大基础部搬出延长路(东部),工学院扩充至东部。当年3月,上海市高教局决定将上海交通大学工农预科改为上海工学院预科。同年8月,又改名为上海工学院附中。又过了几个月,工学院向上级提出不再办附中,获得同意。1963年暑假,附中搬出延长路(单独建校,就是现在上海交大附中的前身)。时至今日,90多年过去了,现在看延长路校园,虽说建筑物变化甚大,但校园格局基本没变(不包括1985年前后新征的校区北片那块地——沿着老图书馆、冶金楼、田径场一条线为界,再往北直至广中路)。校园内尚留下一些斑驳的记忆,迄止本书完稿之日,属于"浸会庄"时期的房子还剩下两幢半,即1930年建造的"南大楼"①、1925年建造的位于西部的"西北小楼"(现离退休人员活动室),还有半幢是1925年建造的位于西校门边上的原幼儿园用房(一半已被拆);属于交大和北郊中学时期的房子还剩下两幢,即第一教学楼和老图书馆。工学院初期,即1961—1965年期间造了四幢楼:电机楼、机械楼、冶金楼和新仪表楼(现自动化楼)。校园内大兴土木是1979年以后的事。

  建院初,正逢国家经济十分困难时期,广大师生注定要经受艰苦奋斗的磨炼。院党委强调学校的办学方针是"勤俭办学,艰苦奋斗"。开学在即却无力投资搞基建,没有校舍,就暂借上海交大基础部和上海团校留下的;没有食堂,师生就在交大基础部的一个荒草丛生的破草棚里就餐,一到雨天,脚下一片泥水。学校经费奇缺,添置办公用品,坚决贯彻"四不买",即高档不买、不急用不买、能调拨的不买、可买可不买的不买。七成课桌椅与办公家具是从兄弟院校调拨来的旧家具,没有添过一张新沙发,直到建院五周年,上海交大赠送两张新沙发作为礼品,院领导决定把它们

---

① 几年前一场大火,这幢楼几乎烧塌,为追回原貌,学校按原样重新建造,2018年竣工。

送到教师休息室去。教学必需的仪器和设备,学校采取调拨、自制与采购并举的办法,一方面努力从其他高校调拨,另一方面发动教师自己动手制造,据不完全统计,仅1963年一年全院自制设备价值达10万元以上,按那个时期的物价计算,10万元不是小钱,如同期建成的机械楼,建筑面积4 366平方米,基建投资也就是30.7万元。当时,我国的副食品供应极其匮乏,学校专门成立了"副业生产领导小组",统一部署师生利用校内空地种菜、种粮、养猪、养鱼,供给学校食堂,聊以改善师生的伙食。院领导带头发动干部在校内荒地种菜,利用食堂的泔脚养猪,割荒草用来养兔,利用冶金楼前的河浜养鱼……学院生产劳动科于1962年12月某日上交的一份年终工作总结上记录着当年的收获:"全院共有农田面积16.72亩,全年生产蔬菜85 850斤,蚕豆218斤,黄豆80斤,胡萝卜4 451斤,山芋7 788斤,总产量98 363斤。"真可谓"农学院"与工学院并举。

1966年6月,"文化大革命"骤起,全国的教育遭到严重破坏,工学院更是濒临崩溃。1972年4月,"四人帮"①在上海的爪牙大搞所谓"院校调整",工学院被肢解,有色及稀有金属冶金、无线电技术及设备两个专业并入上科大②,其余部分与上海机械学院合并,延长路校区成为上海机械学院(总部)。直至中共十一届三中全会以后,1979年1月经国务院批准,恢复上海工学院建制,并改名为上海工业大学(简称工大),学校开始复苏。

按照当下的说法,改革开放最初给予工大师生最大的"红利",就是为学校"送"来了钱伟长校长。工大能请来钱先生当校长可谓是一波三折。

1982年9月,中共中央组织部和上海市委任命钱伟长为工大校长。1983年1月18日,上海《文汇报》刊登了一条消息,标题是"我国著名科学家钱伟长任上海工大校长"。过后两天,《解放日报》刊登了一条类似的消息。这两条消息文字都很简短,但提及的近乎传奇的人物——钱伟长足以锁定人们的目光。在此之前,在中国,发生在钱先生身上的故事实在太

---

① 指江青反革命集团中的首要分子江青、张春桥、姚文元、王生洪等四人。
② 这两个专业先后于1973年、1978年回归延长路上海机械学院。

多,并不是"著名科学家""著名力学家"这样的描述所能概括的。此时,人们还无法厘清过去那些故事的来龙去脉和是是非非,还无暇为他掸去落在他身上的尘埃,就急切地张开双臂欢迎他为国为民再振雄风。对于他的到来,欣喜是自然的,但好奇心总是挥之不去,作为1931年入学的"老清华",又在清华大学连续工作了36年并在1956年担任副校长的钱先生,为什么义无反顾地离开这所名重天下的清华而来到上海这所名不见经传的地方大学?

钱先生名震九州,但从1957年下半年开始在学界、科坛却沉寂了20年。1978年以后,他精神矍铄,为我国推进"四个现代化""摇旗呐喊"、四处奔忙,许多双眼睛正追随着他的身影,关注着他重振事业的走向。钱学森想请他去中科院力学研究所主持工作,华中工学院(现名华中科技大学)的党委书记兼院长朱九思也正想着主动让贤,请他去当院长,时任中共安徽省委第一书记、省长张劲夫也想请他去安徽大学当校长。工大的领导从1978年底开始,以钱先生主办的《应用数学和力学》编辑部上海办事处为桥梁,开始与他接触。因为钱先生的身份太特殊,所以工大党委从一开始就向中共上海市委、市政府的领导作了汇报,得到了首肯。

工大为什么如此迫切,非要请到钱先生来当校长呢?工学院于1979年恢复建制,并改名为工大以后,中共上海市委、市政府任命张华为党委书记,任命市委工业部部长杨慧洁兼任校长。不过,这位校长从来就没有到学校来过,任命后不久就调到天津去了。所以工大自恢复后,实际上就没有实质性的校长,不仅正常的行政业务受到影响,连学生毕业证书的签发都成了难题,广大干部、教师要求市里尽早派校长的呼声日益强烈,盼望有一位学术造诣深、社会声望高的专家、学者来当校长,当听说校领导正在做钱先生的工作,都举双手表示拥护。

工大要请钱先生来当校长,上海的党政主要领导也都表示支持。1981年10月下旬,市委书记夏征农在工大召开的师生座谈会上,表示市委要尽快解决学校长期悬而未决的校长问题,他对工大的领导明确说,市委几位书记交换意见,同意让钱先生来工大任校长,也向乔木(胡乔木,时任中共中央书记处书记)作了汇报,"乔木同志认为是可行的"。舒文(时任上海市高教局局长)也说,已把市委这个意见打电话给教育部了,正在商讨中。工大的领导闻听此言,高兴得很,觉得三年来学校花了很大精力争取的这件大事、好事总算就要有着落了,马上急着要为钱先生在上海找房子了。

但是,随之而发生的事情非如工大领导所愿,甚至出乎上海市领导的预料。一是,当时的教育部主要领导固执己见,顶着中央精神不办,不肯为钱先生纠正反右运动和"文化大革命"中强加于他身上的诸多不实之词,反之还给出一个冠冕堂皇的不能当大学校长的理由,说是年龄偏大(这一年钱先生已是70岁),超出了大学校长任职年限。二是,真正和工大"明争暗夺"钱先生的学校是上海交大。上海交大党委书记听说钱先生决意要离开清华,就找了先生,表达了希望他去交大当副校长的想法(交大此时已有一位校长)。1981年11月某日,在上海火车站就曾演出过戏剧性的一幕:工大为了能继续"做通"钱先生的工作,特地派一位党委副书记专程到广西桂林,去邀请正在那儿讲学的钱先生到上海来面谈。不日,钱先生偕同夫人到了上海,一下火车,就看到了工大和交大的领导在各自党委书记的带领下都不约而同地伫立站台,寒暄过后,钱先生夫妇还是上了工大的小车。这一幕拉开了两所学校为请钱先生当校长的公开争夺。

1981年12月初,上海市政府教卫办两位处长到工大,商议说教卫办提出的新方案是让钱先生到交大任副校长,而从交大抽一位教授到工大担任校长。理由有三条,一是"钱是搞理科的,而工大是工科,钱到工大专业不对口",二是"钱到交大当副校长,而由交大调一位教授到工大当校长,是'两全之策'",三是"要发挥钱作为学者在科研和理论发展上的作用,不宜让他多搞政治问题活动"。对于这个方案及理由,工大党委当即表示强烈反对。随即紧急上书市委,对上述说辞逐一进行驳斥。工大的报告中特别强调,钱先生到工大当校长是"雪中送炭",派到交大去当副校长只不过是"锦上添花",是"一全",而不是"两全"。显然,处长们的第一条理由很牵强,不经一驳;处长们的理由三与理由二是有联系的,他们传递的肯定是某些高层领导的意思,潜台词就是钱先生这样的人不得重用,"只能当二把手,不能当一把手"。对此说辞,工大党委尤其是党委书记张华不以为然,认为这样的说法及做法违背了党的十一届三中全会所确立的"解放思想,实事求是"思想路线,不符合党对民主人士的政策。工大党委的鲜明态度得到上海市领导的有力支持,当钱先生从桂林到上海后,上海分管教育的市委书记夏征农会见了他,欢迎他到工大当校长。钱先生与工大领导见面时,张华诚恳地跟他说:"我们请你来当校长,让你来施展你的办学才能。过去由于错误的政策,你一直受打击,现在我们请你来施展你的才华。"比较清华大学党委对他的态度,张华的这一番话对钱先生触动很大,也引发了他内心深处的共鸣,促使他最终选择了工大。

钱先生选择了工大,也是选择了上海。1999年,他在为《费孝通文集》写的序言中就坦露了他当初的心迹:"我找费孝通商量怎么办?他说上海必将发展成为我国重要的区域经济中心,需要好好地办所大学,他赞同我的教育理念和办学思想,支持我到上海实现我的办学理想。"

钱先生要到上海去,也惊动了邓小平。当教育部和中央统战部关于钱先生的意见相左时,中央组织部就将有关钱先生任命的事情报告了当时担任全国政协主席的邓小平。邓小平当时就给出一个明确的说法:钱伟长任校长不受年龄限制。这个指示一举击碎了挡在钱先生前行道路上的两大障碍——政治上的和年龄上的。

1983年1月,钱先生离开居住了30余年的清华照澜园的一座院落,仅带着简单的衣物,赴上海就任工大校长,1994年5月续任新上大校长,直至2010年7月30日,因病在上海逝世。去世前,是中国大学年龄最大的现任校长,也是在位时间最长的校长。

钱先生为工大带来的不仅是他的教育理念和办学思想,更重要的是为工大人树立起自强不息、砥砺前行的精神,是敢于突破攻坚、争当改革先锋的勇气。在校党委和钱校长领导下,工大在20世纪八九十年代是上海地方高校深化综合改革的一面旗帜。工大在教育教学改革方面,最早推行"学分制、选课制、短学期制"改革;在科技体制改革方面,创立了高新技术产业科技园区,是我国高校中最早建立大学科技园区的学校;在劳动人事制度改革方面,在地方高校中最早推行"全员聘任制"改革;在学生管理方面,首创性地推行融思想政治教育与日常管理于一体的社区化管理模式;等等。尤其是1993年工大推出的招生改革令社会各界震动,工大那年的招生破天荒地打破"一考定终身",实行"面向社会、自主招生",凡是报考工大的考生可以不参加统一高考,学校对考生采取"综合测评,多元录取"的办法自主"择优录取"。工大这一年的招生取得完满成功,由此向全社会传递的信息就是要鼓励中学生德智体美全面发展、注重的是高中三年的学习成绩而不是全凭高考"一博",也不失"公开、公正、公平"原则。工大在20世纪八九十年代一系列的突破性改革引起中央领导部门的高度关注和赞许,1993年中共中央组织部、宣传部会同国家教委在全国高校中首次评选"党的建设和思想政治工作先进高等学校",全国共遴选出33所高校,上海工大也获此殊荣,属上海高校中唯一一所。1994年1月18日,时任国务院副总理李岚清到工大视察,在听取了校领导的汇报后,称赞学校的改革"思路对,步子大,走得稳,效果好"。

1994年4月,工大建制撤销,成为新上海大学的组成部分,校园成为上海大学延长校区。

上大:七校联合　改革为先

上大全名是上海大学,本节叙述的是 1983 年成立的上大,为区别于 1922 年成立的上大和 1994 年成立的上大,习惯上把它简称为原上大,校址是上海市静安区新闸路 1220 号。

1978 年 4 月召开的全国教育工作会议拉开了我国高等教育大发展和改革的序幕,被压抑 10 年之久的中国高等教育的潜力终于得到空前释放,伴随而来的是全国统一高考制度的恢复及高等教育规模的迅速扩大。资料表明,仅上海地区,在 1978—1979 年两年间,除了恢复了 11 所前 10 年被迫关、停、迁、并的大学以外,又另外新增了 13 所大学分校;在 1978—1981 年期间,上海高校在校生人数以年平均 23% 的增长率扩大。1983 年,全国高教系统对分校进行整顿,当年 5 月经教育部同意,上海市政府教卫办决定将复旦大学分校、上海外国语学院分院、上海机械学院轻工分院、华东师范大学仪表电子分校、上海科学技术大学分校、上海市美术学校等六所学校[①]合并为上大,成为市

[①] 1993 年 4 月,隶属于上海市司法局的上海法律高等专科学校加盟原上大,原上大就成了七所学校联合办学,2002 年这所学校又从原上大撤出,另行成立了上海政法学院。

属综合性大学。上大刚成立时,五所分校加上美术学校衍生出五个学院:复旦大学分校建成文学院、上海外国语学院分院建成外国语学院、上海机械学院轻工分院建成工商管理学院、华东师大仪表电子分校和上海科学技术大学分校合并成工学院、上海市美术学校建成美术学院,1984年还曾办过政治学院,但不多时就并入文学院。1985年6月外国语学院改名为国际商业学院,1986年4月工商管理学院改名为商学院,1993年9月又把国际商业学院和商学院合并成国际商学院。1993年4月,隶属于上海市司法局的上海法律高等专科学校加盟上大,与文学院原有的法律系合并成上大法学院。截至1994年4月,上大下设文学、工学、国际商学、法学和美术等五个学院。校部及其各学院虽是一个整体,但学院建制属副局(厅)级,拥有较充分的人、财、物权。我国从1952年以来,综合性大学只设文理学科,因此,上大就成了当时上海唯一拥有文学、历史学、工学、经济学、管理学、法学、艺术学的"真正的"综合性大学[①]。上海市政府于1987年5月任命教卫办主任、高教局局长王生洪兼任上大校长。校部机关原本设在凯旋路30号上大美术学院大院内,1987年7月才搬至新闸路1220号上大商学院大院内。新闸路这块地方居然离老上大陕西北路(旧称西摩路)校舍旧址仅隔数百米,跨越60年时空的偶遇似乎喻示了后来人必须承担的责任。

20世纪70年代末至80年代初中国高等教育的改革,最令人振奋的不仅是恢复统一高考,还在于使大学获得一定的自主权和自我更新的能力,尤其是对于像原上大这样的学校,它是一所在若干所老大学(分校)的基础上建立起来的新校,既有内敛的学术底气,又有张扬的革新锐气,生逢其时的原上大自然承担起上海"教育改革试验"的责任(图2.5)。上海市政府在批转教卫办关于筹建原上大的通知中明确指示:"上海大学要在

[①] 根据国务院学位委员会、教育部公布的《学位授予和人才培养学科目录(2011年)》划分的一级学科门类。

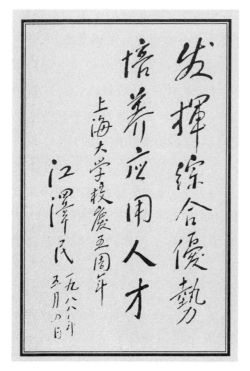

图 2.5 中共上海市委书记江泽民为原上大建校五周年题词(1988 年 5 月 4 日)

教育改革的试验中,不断总结经验,提高教学质量。"① 根据市政府的要求,在教卫办的支持下,原上大开张就一举推出七项改革措施:一是日校、夜校两部分学生一律走读;二是学生须缴纳少量学杂费;三是改革学生公费医疗制度,学生看病自己要付一半钱;四是改革助学金为奖学金或困难补助金;五是实行四年制本科和二年制专科、三年制专科并行,试行中期选拔,优秀的专科生可进入本科学习,不适合在本科学习的,转入专科;六是实行学分制,允许学习优秀和确有专长的学生,跨学院、跨专业选课或转学院、转专业,修满学分即可毕业,未修满学分可延迟半年至一年,有条件的专业可招收高年级的插班生;七是学生毕业后,学校不包分配。以上这些改革举措在上海都属于开拓性的,为上海全面深化高等教育体制改革提供了非常有借鉴意义的成果。

原上大的责任还在于为上海新时期经济社会转型发展服务。20 世纪 80 年代初,上海的产业结构从"二三一"向"三二一"的转变初露端倪,即第三产业在国民经济总产值中的比重逐渐加大。为适应这样的转变,原上大在系科、专业设置方面刻意对接第三产业的发展需求,大大增加了应用性人文社会科学类专业。在增加的人文社科类专业中,除了属国内率先

---

① 上海市人民政府(通知)"沪府〔1983〕70 号"。

恢复的社会学以外，还有属上海高校中最早设置的秘书学、档案学、法律学、经济法、广告学、行政管理、影视编导等专业，还先行一步地在外语学院设置经贸类专业、在美术学院建立设计类专业。这样的专业调整高度切合上海及国家对各种专业人才需求量平衡后所做出的重新估计。

　　最让教育界、社会科学界惊喜的是原上大首先恢复社会学。著名社会学家、教育家、社会活动家费孝通先生对此表示由衷的高兴，在学校成立之初就应邀到文学院作学术报告，并欣然受聘为学校名誉教授。费先生有如此好心情是有缘由的。产生于19世纪上半叶的社会学，在19世纪末从国外逐步引入中国，并经过一代又一代中国学者的努力，到了1949年，在中国已经构建起较完备的社会学研究与教学体系，集聚起一批在国内外负有盛名的社会学家，在不少大学建立了社会学系或专业，如在上海最早设有社会学系的大学就是老上大。新中国成立后，社会学却被认为是"旧社会的""资本主义的"，于是在1953年，社会学的教学和科研活动在中国的高校中被完全停止。1957年2月，费孝通先生在《文汇报》上发表了《关于社会学，说几句话》的文章，陈达、吴景超等著名的社会学家也在京沪等地报刊上发表了有关恢复与重建社会学的意见。然而，"反右"运动中，有关恢复与重建社会学的意见被当作资本主义复辟阴谋的一部分而受到批判，费孝通、吴景超也被打成右派，至此以后长达20年的时间内，社会学在中国销声匿迹了。1979年春节期间，时任中国社会科学院院长、长期主持中共思想理论工作的胡乔木约见费孝通，谈及在中国恢复社会学的事宜，当年3月召开的党的理论工作务虚会上，邓小平发表"坚持四项基本原则"的著名讲话，在这个讲话中，邓小平明确提出"社会学等学科要赶快补课"。据上大文学院的老同志回忆，当初在教育部所属重点大学，如北京大学（燕京大学1922年设立社会学系）、复旦大学（1925年设立社会学系）等校，是否马上重建社会学系或专业，教育部"还有所顾虑"。据说，费孝通曾为此事和复旦大学的领导交换过意见，但学校领导没有应承，倒是复旦大学分校的领导得知这一重要信息，抢先于1980年4月，将原来就有的政治学系改为社会学系,这是1979年中国大陆高校恢复社会学学科后成立的第一个社会学系。这样的"抢先"自然令费先生感到格外欣慰。1994年四校合并组建为新上大以后,学校的人文社会学科有了更快的发展,尤其是社会学发展最快,2011年7月,社会学系从文学院分离出来独立建院,成立社会学院。如今,上大的社会学学科业已成为我国社会学研究与教学重镇,其科研与教学实力在全国高校中名列前茅。再有,"影视编导"原来在文学院只是一个专业,而且在当年国家教委公布的专业目录中是被打入"另册"的。1994年新上大成立以后,在该专业的基础上,扩建成一个全新概念的影视艺术技术学院,一时间在国内独占鳌头。2015年,根据上海市发展影视业的布局,又将这个学院改制为上海大学上海电影学院,要为上海新时代文化事业的发展再绘新图。

1994年4月,原上大建制撤销,成为新上海大学的组成部分,新闸路校区成为上海大学成人教育学院。2014年6月,上海大学成人教育学院更名为上海大学继续教育学院。

第三章
争创一流

合并四校　瞄准世界一流

5月27日,是一个具有历史意义的一天。1949年5月27日,中国人民解放军攻克了国民党反动派盘据在上海的最后一个堡垒,建立了人民政权,向世人宣告:新上海诞生。1994年5月27日,上海市市长黄菊和全国政协副主席、上海大学校长钱伟长在上海友谊会堂为"上海大学"揭牌(图3.1.1),向世人宣告:新上大诞生(图3.1.2)。这是一所由上海工业大学、上海科学技术大学、原上海大学和上海科技高等专科学校合并组建而成,时为上海规模最大、学科最齐全的综合性大学。上海友谊会堂是上海人心目中最为神圣的"殿堂",上海市历届党代会、人代会都在此召开,在上海解放纪念日,新上海大学成立大会假此召开,其意义不言而喻。

新上大问世,令人瞩目。中共中央总书记、国家主席、中央军委主席江泽民当月在上海欣然为学校题写校名;国务院总理李鹏回忆起父亲李硕勋烈士当年在老上大的学习与革命经历,为学校送来题词:"发扬光荣传统,培养跨纪人才";老上大学生、前国家主席杨尚昆也为学校题词:"百年大计,教育为本";尚健在的诸位老上大校

图 3.1.1 上海市市长黄菊和钱校长为新上大揭牌

友闻讯,纷纷向学校致意;国务院副总理李岚清对四校合并组建新上大给予了充分的肯定;国家教委的领导在学校组建过程中始终给予热情和具体的指导。

组建新上大,是上海为贯彻中共中央、国务院颁布的《中国教育改革和发展纲要》,通过"共建、合并、调整、合作、划转"等方式有序推进高校资源布局调整,首先推出的一项重大决策,也是上海以浦东开发开放为契机,从建设现代化国际大都市目标出发,确立一流城市要有一流教育的重要战略部署。

图 3.1.2 新上大成立大会会场

特别值得一提的是，钱伟长校长不辞辛苦地为四校合并组建新上大倾注了大量心血。早在 1956 年，他在任清华大学副校长兼教务长时，就曾在《人民日报》上发表文章，对 1952 年中国的高等教育照搬苏联的模式进行的"院系调整"公开提出了质疑，他认为学校办得过专、专业分得过细以及条块分割的部门所有制管理体制不利于人才培养，不利于社会主义建设。1983 年，他来到上海工大当校长。他对市里的领导说，地方大学在为上海经济社会发展服务方面可以做得更好，可以不比那些部委重点大学做得差，但是，地方大学一定要联合起来，因为任何一所学校的力量都太弱。造成力量太弱的原因，主要的不是因为建校历史短，而是每所学校的学科设置都过于单一，专业服务面太窄，因此，要把几个学校的力量联合起来，促成学校间的优势互补，资源共享。为此，他特别想在上海先一步把工大和上科大合在一起。1987 年 5 月，他在工大教学工作会议上直抒己见："合并对教学有好处，好处在哪里？好处是有利于发展新学科，互相帮助。……我们两个学校是一工一理，理工分家不好，我们总想通过发展理科来充实我们工科的基础教研室，而理科学校也想发展工科，因为他们需要和实际联系，这样我们两个学校就走到一起了。……我们两个一并，在上海是一个非常大的力量，可以充分发挥我们的力量。如果两校各自独立，要把两个学校都办好，很困难，都是缺腿缺胳膊的。……我们有个希望，争取我们成为上海教学和科研方面的一个拳头，那么，我们两校的地位和素质就能进一步提高，贡献也将大大增加，使我们真正成为上海市所需要的学校。……合并是正确的，是个大方向。……我们现在的合并是综合性的，让它走向综合性大学！"[①]在他的促成下，工大和上科大于 1988 年共同组建成立了一个计算机学院，还得到清华大学的支持，特别聘请了该校教授、著名的计算机专家李三立来上海兼任计算机学院的院长。本来工大和上科大两校间的进一步合作正在朝前发展，只是 1989 年我国

---

① 钱伟长：《谈教书育人》，《钱伟长文选（第三卷）》，上海大学出版社 2004 年版，第 107—108 页。

突发政治风波，两校间的事情未及深入。1992年夏，两校合并事宜重又提上议程，而且步骤加快。上科大党委书记吴程里调到工大任党委书记，由他牵头，成立了一个两校合并工作协调小组，在中共上海市教育卫生工作委员会（简称教卫党委）和市政府教卫办的指导下，先行确定两校合并后的校名为上海理工大学①。

1993年5月，教卫办考虑将这一所上海理工大学和原上大、科专联合办学，不是"合并"。当年12月，教卫办把这几所学校联合办学的方案提交市领导审议，在汇报会上市领导当机立断，决定这四所学校一步到位，来个"紧密型、化合型"合并。

1994年3月29日，上海市政府行文向国家教委提出申报：批准四校合并，成立上海大学；4月18—21日，国家教委派出以清华大学原党委书记林克为组长的专家组来上海考察、审核；4月22日，中共上海市委下文，批复上大党委会成员；4月25日，国家教委正式下文，批准成立新的上大，原来四所学校建制撤销；5月19日，在延长路工大校区礼堂，召开原四所学校中层及以上干部大会，中共上海市委组织部部长罗世谦、市教卫党委书记郑令德、教卫办主任兼高教局局长王生洪来校，宣布新上大党政领导班子：钱伟长任校长，方明伦、杨德广、郭本瑜任常务副校长（以姓氏笔画为序），吴程里为党委书记；5月27日，在友谊会堂隆重举行"上海大学成立大会"。

四校合并组建新上大是一桩"自上而下"的变革，前期酝酿基本上是在校级及以上领导层面进行，而且酝酿过程很短，因此广大干部、教师对于这桩变革的理解是逐步深入的。比如，一开始对起个什么校名就很纠结，争论颇剧。大学校名凝聚着几代人的心血和智慧，其校名虽然只有寥寥几个字，却蕴涵着丰富的内容，包含着深刻的意蕴，维系着太多人的情感。校名的改变对局外人而言只是称呼的变动，但对该校师生来说则是

---

① 现在的上海理工大学原先是上海机械学院，1996年才改名为上海理工大学。

一个重大的事件。因此,院校更名是一个看似简单实则复杂敏感的大问题。虽说以城市或省份名称为大学命名,属于优质"校名资源",但是原上大建校历史短,在上海的办学声誉比不上工大和上科大,所以不少工大、上科大的师生担忧,四校合并后沿用原上大校名,学校"降格"了,毕业生就业或深造也会受到影响。然而,市领导高瞻远瞩,决定把新组建的学校定名为"上海大学",一是希望新上大能够传承老上大的优良传统,二是希望上大也能办成世界著名大学,就像世界上其他那些以城市名称命名的著名大学一样。市领导的这些意见传达到学校,得到师生越来越多的理解和响应。校长钱伟长在新上大成立大会上的讲话,则表达了广大师生的共同心声,他说:"我们上海大学作为一所以'上海'——这样一座世界东方大都市和中国最大的经济中心城市的名字命名的大学,应该在这场跨世纪的伟大变革中作出我们应有的贡献。这是我们全体师生员工的崇高责任,也是我们的无尚光荣。当今世界的大城市中,以城市的名字命名的大学有不少,其中也不乏佼佼者。我们上海大学的奋斗目标就是:经过若干年的努力,达到这些优秀大学的水平,与它们并驾齐驱!"[①]

上大是全国最早合并成功的高校之一,国务院办公厅先后于 1994 年在上海、1995 年在南昌、1996 年在北戴河、1998 年在扬州,召开了四次高等教育管理体制改革座谈会,上大在每次座谈会上都做了经验介绍。2003 年,李岚清在他的专著《李岚清教育访谈录》中回顾 20 世纪 90 年代高校合并情况时,特别提到上大是"合并办学的好典型",他还写道:"我们认真总结了他们的经验,并加以肯定和推介。"

[①] 钱伟长:《在新的上海大学成立大会上的讲话》,《上海大学 1994—1996 年统计年鉴》,内部资料,第 63 页。

拆除壁垒　重建学科架构

　　1952年，中国的高等教育按照苏联的模式进行了被称为"院系调整"的教育改革。有些经过几十年才发展起来的已拥有人文科学、基础科学、工学、教育学、农学和医学的综合性大学被纷纷拆散，系科分门别类被并入其他院校，或合并成为新的院校，使这些大学失去了由历史积淀而来的体现于系科交叉和课程设置中的精神气质。

　　1978年改革开放以后，大学校长体会到了越来越多的自主权，一系列的教育教学改革迅速引入和铺开，涉及人才培养方面的改革都朝着知识的综合化方向而努力，竭力告别过窄的专业设置。综合性大学开设了一系列应用性文科，只有应用性工程学科的工科院校，此时不仅开设了相关的基础学科，而且设立了诸如管理学、经济学之类的人文科学类学科。就整个高等教育的专业结构与课程结构而言，大大增加了人文社会科学类的比例，喻示我国对各类专业人才的需求做出重新估计，也表明人文社会科学的重要性在改革的过程中得到越来越多的承认。

　　1983年钱校长到任上海以后，希望乘改革之东风，一举改变以往大学教育"太死""太专"的状况，打破那种把学科与学科之间界限划分过严、各种专业分工过细、互不通气的状态。他特别重视推进自然科学、工程科学与社会科学、人文科学各学科之间的融合渗透,并创建体现这种融合渗透的新学科。四校合并以后,给了他实现这一思想的空间。他在上大通过专业和系科重组,构建新的学科体系。他强调专业和系科重组不是简单地叠加,而是立足于国家需求,重在学科交叉与融合。为此,他亲力而为推动创立了属于国内最早的知识产权学院、影视艺术技术学院。

1994年建立的上大知识产权学院,是继1993年成立的北京大学知识产权学院之后全国高校中的第二所知识产权学院。按上大知识产权学院首任主持工作的副院长、国内著名知识产权法律专家陶鑫良教授的说法,知识产权学科是一门新兴的交叉学科,和其他学科之间的关系不是平行,而是交叉和交融,知识产权学科有"两张皮",一张是法律,一张是管理,上大重点培育的是企事业单位知识产权法务与经营管理人才,其起点是法律,落点是管理。关于学院的创立,他回忆道:"1994年,钱校长亲自给我们讲专利与知识产权的问题,讲专利的作用与功能,讲知识产权宏观大略。当年就是钱校长高瞻远瞩地决策建立知识产权学院的,他还亲自联系了香港星光集团黄金富先生来校签约资助知识产权学院的建立与发展。所以当时知识产权学院的师生说:'知识产权学院的建设,总设计师就是钱校长,总经济师就是黄金富董事长(他向北京大学知识产权学院与上海大学知识产权学院各捐资了数百万元)。'"上大知识产权学院的成立为我国优化知识产权保护环境做出了很大贡献。2005年4月,我国国务院新闻办公室发表了《中国知识产权保护的新进展》白皮书,国家知识产权局负责人在白皮书新闻发布会上,专门提到北京大学知识产权学院、上海大学知识产权学院和中国社会科学院知识产权中心的成立是中国知识产权保护新进展的重要例证。数年前,教育部会商上海市政府重点探索培养我国急需的知识产权应用人才教育模式的过程中,就曾经委托上大提供了较系统的知识产权应用人才培养方案及建议,并获得肯定。

1995年成立的上海大学影视艺术技术学院是国内高校首个融合影视艺术与影视技术的学科,当时教育部公布的专业目录中还没有这样的专业。1994年4月,新上大还没有挂牌,钱校长到科专访问,参观了那儿的电视与电声实验室后,觉得很不错,当时他就说:"我已与龚学平副市长谈过,建议成立一个声像技术与艺术相结合的学院,龚副市长表示赞成和支持。"钱校长是在谋划怎样发挥新上大多学科综合优势,创立新型学院,为上海培养艺术和技术结合的复合型人才。这个想法很对龚学平的路子。龚学平曾经主管过上海的广播、电视、文化系统,他也说过,在国内,尤其是内地既懂艺术又懂技术的专业人才很少,连举办一场大型演出,往往也要从香港或国外请来音响师、灯光师。因此,龚学平听说钱校长要在上大办这样的专业,自然是非常高兴,还帮着出了好多主意。1995年,学校合并了原上大文学院汉语言学专业的影视编导及摄制专门化、播音编导专门化和科专的电视与电声专业,成立上大影视艺术技术学院。刚想着取院名时,有人想当然地在"艺术"和"技术"之间加了个"与",成了影视艺术与技术学院,理由是教育部公布的高等学校专业目录中没有"影视艺术技术"(教育部1998年颁布的《普通高等学校本科专业目录》将"影视艺术技术"列为"经教育部批准同意设置的目录外专业"),龚学平不认可这个理由,他说,我们办的这个学院既不是纯艺术的学院,也不是纯技术的学院,而是强调艺术与技术的融合,是没有缝隙的结合,是"艺术的技术",有了一个"与"字,学院办下去,又会蜕变为艺术一块、技术一块。钱校长非常赞同龚学平的意见。学院成立后,钱校长特地邀请电影艺术家谢晋担任院长,请龚学平担任名誉院长。上大的这个学院声誉日隆,没有几年工夫,"强调艺术与技术融合"的专业已在全国高校中普遍开花,成为全国高校中最时髦的专业之一。

钱校长是位德高望重的社会活动家,他在校内外纵横捭阖,一心想要在上大办好美术学院,还要建音乐学院和体育学院。

1999年6月,上大新校区正在建设之中,某日钱校长召集了一个全校分管艺术教育、体育教育的干部、教师会议。在这次会上,他说:"对学生进行艺术和体育方面的培养和教育,是我多年来的心愿,过去没有条件,现在可以这样来培养了。"他强调:"培养学生更多的是在课外,不是在课内,更重要的也是在课外。"

钱校长出身于书香世家,打小不但喜好读书、写字,而且接受了良好的艺术熏陶。他在晚年回忆少年光景时说:"暑假时,父亲和叔父们都在一间屋子里谈话、下围棋和演丝竹。父亲是玩笙的,四叔(笔者注:著名国学大师钱穆)玩笛,六叔玩箫,八叔拉得一手二胡,我和祖母有时给他们打碗起拍子。那几年家里虽然贫寒,但的确是其乐融融。"钱家虽陋室简屋,然清音绕梁,在少年钱伟长脑海里留下了不灭的印象,也萌生了他艺术教育思想的幼芽。钱校长很早就主张在学生中普遍开展文化艺术教育,并一直想在学校中设立美术学院和音乐学院。1990年,在他的力促下,上海工大成立了文化艺术指导中心,为的是让"工科学生也应该接触美育和艺术"。他亲自邀请一批艺术界、文化界的名家来校讲学、授艺、担任中心的顾问,还特别聘请刚从上海市市长位置上退下来的汪道涵担任中心的名誉顾问,另外,学校聘请了一些专职的艺术教师,为学生开设艺术类课程。1994年新上大成立后,有了一个高水平的美术学院,这是上海唯一的一所多学科综合性高等美术学府,有一位市领导也曾提出过,把这所美术学院从上大拉出来,单独建为上海美术学院,以弥补偌大一个上海没有一所美术学院的尴尬。但是,钱校长不同意。2000年8月,美术学院新院址在上海大学新校区落成,全国11所美术院校,包括中央美术学院、中国美术大学的校院长前来祝贺并举行学术讨论会。钱校长出席会议并讲话,他说,为什么要坚持在学校里建设一所高水平的、多学科的、综合性美术学院呢?这样做至少有两方面的好处:一方面是对学校来说,美术学院有两项基本任务,一是培养高级美术专业人才,二是对全校师生进行美术普及工作;另一方面是对美术学院自身而言,可以充分借助综合性大学多学科优势,拓展美术专业的教学和研究领域,提升传统美术专业水平,发展艺和技术结合的新兴学科、交叉学科。钱校长这一席话令在座的校院长们拍手叫好,纷纷向上大美术学院的领导表示祝贺:"你们能有这样一位校长,真是万幸!"继上大以后,一些国内的名牌大学也纷纷并入或新建美术学院或美术系,如中央工艺美术学院于1999年并入清华大学,北京大学于2006年将艺术系扩展为艺术学院。现在,越来越多的大学校长认识到在校内建立艺术类学科专业的必要性。显然,上大在这方面是先走了一步。

有了高水平的美术学院还不够,钱校长想办音乐学院。为了实现这一心愿,学校于1999年先行成立了艺术中心。艺术中心在上大是相当于院(系)的教学实体机构,拥有一支专职教师队伍,还聘请了一批著名艺术家,如钢琴演奏家刘诗昆、指挥家陈燮阳、指挥家曹鹏、画家林曦明等为兼职教授。中心的主要职责是组织大学生课外文化艺术活动,指导大学生文化艺术社团建设。迄今,上大已成立了民乐团、管乐团、合唱团、弦乐团、打击乐团、钢琴协会等多个大学生文化艺术社团。在学校的支持和专业教师悉心指导下,这些社团的文化艺术水准提高得很快,并在全国或上海市(非专业)比赛中屡获金奖。充满活力的大学生文化艺术社团,精彩纷呈的高水平展演,在上海大学形成浓郁的文化艺术氛围,提高了广大非艺术类专业学生热爱艺术、学习艺术的热情(图3.2.1)。钱校长对于艺术中心和大学生文化艺术社团的建设成效十分欣慰,他曾多次亲临艺术中心,看望师生,勉励大家要更加努力工作与学习,殷切希望"无论文科还是理工科同学都应该参加到艺术社团中来,在艺术社团的实践中得到艺术熏陶"。钱校长一心想着办音乐学院。2006年3月,钱校长接受钢琴家刘诗昆及香港《大公报》"音乐天空"栏目记者专访,他说:"现在我的眼睛耳朵都不行了,但仍喜欢音乐艺术。我们学校有美术学院,但没有音乐学院,我希望能成立音乐学院,我委托刘诗昆先生一定要帮我完成这个心愿,我所要创办的音乐学院就是要用中国式的音乐教育培养学生对音乐的热爱。建立音乐学院不仅要培养全才、专才,而且要让更多普通学生都

图 3.2.1　上大大学生乐团在新年音乐会上演出

参与到其中,普及才是关键,就是要培养学生全面素质,综合素质。"2013年6月,上大音乐学院终于成立,实现了钱校长的遗愿。

提到上大着力营造艺术氛围,为学生提供最好的艺术教育,时任上海市市长徐匡迪功不可没。徐市长自身有着很深的艺术造诣,天生一副好嗓子,中学毕业时要考音乐学院,想着要当一名歌唱家,而且也考中了,只是不是他理想的学校,再加上立志要为国家工业建设做贡献,后来就进入北京钢铁工业学院,再后来就成了一名钢铁冶金专家。他对钱校长要加强学生艺术教育的观点非常赞同,并给予直接支持。规划上大新校区时,钱校长坚持要建一个高水准的大礼堂,音响、灯光、舞台都能适合高水准的音乐、戏剧演出。到了2003年,徐市长离开上海到中国工程院任职前,亲自过问并批准上大大礼堂建设项目。2007年11月,上大将大礼堂命名为"伟长楼",时任全国政协副主席、中国工程院院长徐匡迪出席命名仪式并揭幕,"伟长楼"三个字也是由他题写的。

钱校长作为一名教育家,他深知体育对于人的巨大作用。他曾经说,体育很重要,好处之一是自身健康,另外,运动也可以培养人,培养人的分析能力、决策能力,运动场上瞬息万变,要应付环境,就要有分析、决策的本事;再有,体育不仅能增强人的体魄,还能激发拼搏争先的斗志,是形成合作的团队精神的最好形式。钱校长自身就是这方面的典范。1931年,他考入清华大学,在入学的体质测试中,他的体重、身高、肺活量、投篮、跑步都不达标,但在清华大学体育教授马约翰的鼓励下,在后来的六年中,积极参加体育训练,身心得到极大的磨炼,从一个羸弱的书生成长为运动场上的一员骁将。体育练就了钱校长健康的体魄和灵活的大脑,更重要的是锤炼了他坚强的意志、塑造了他自强不息的人格。这段经历让他终生受益,他后来回忆说:"马约翰先生通过体育运动,培养了我们的人格,锻炼了我们的意志。即使在我生命中最艰难的时期,也没有倒下,依然乐观向上。在漫漫的人生道路上,使我有勇气承担风雨,有毅力克服困难,有意志不断战胜自我。"在钱校长教育思想中,包含有丰富的体育教育思想。他说:"体育教育是高校培养学生全面发展的主要载体和手段之一,体育教师肩负的工作责任和其他学科的教师一样任重道远。""很多培养是通过体育教育来做的,是一个全面培养合格的社会栋梁的重要部分",所以,学校的体育教育是"不能仅仅作为体育问题来抓"的。同时,他十分强调普通大学体育教育的重点是"开展群众性体育活动,发展校园体育文化,以提高全体学生的身体素质,增强学分制下的学生之间的凝聚力和团体精神"。基于这样的教育理念,钱校长一直非常关心大学生体育教育和体育场馆建设。上大新校区建设近六分之一的总投资用于体育场馆建设,2002年,上大体育中心落成后,成为当时全国高校中首屈一指的一流的体育设施,得到国家体育总局和教育部领导的高度赞扬,并确定为2007年举办的第七届全国大学生运动会的主要比赛场馆之一。2002年5月,钱校长发起举办"体育教育与素质教育工作恳谈会",亲自发函邀请上海市教委、上海市体育局的领导以及10所高校分管体育的校领导参加。他首先发言,第一句话就是:"今天,我请大家来共商国是,如果高校还要培养国家栋梁之才的话,就必须重视体育,体育教育是贯彻落实党的教育方针三育之一。"就这样的"国是",钱校长站着讲了近40分钟。恳谈会后,他提出要办上海市普通大学生足球联赛,并亲自操刀拟订了"竞赛章程",还个人出资定做了足球赛的奖杯。学校运动场上经常举行各种各样的比赛,钱校长时而会饶有兴趣地去观看,哪怕坐在轮椅上,也乐意为获奖运动员颁奖(图3.2.2)。虽然他无法再像年轻时那样在运动场上奔跑、跳跃,但看到有那么多生龙活虎的青年学子在场上运动、拼搏,内心感到十分地欣慰,人们在他那充满笑意的脸上能感受得到。2007年11月,上大体育学院成立。

图3.2.2 钱校长在上大体育场为获奖大学生运动员颁奖(2004年8月)

推进自然科学、工程科学与社会科学、人文科学各学科之间的融合渗透,强调科学与人文相结合的教育,普遍认为是为了完善人才的知识结构,而钱校长更在乎的是塑造健全的人格。他指出:"工程学院出去是当工程师的,专门搞技术的。我认为他首先是社会的人,要适应社会上人与人之间的关系，懂社会学、经济学、心理学，还有国家的历史、地理、文学、美术，要有一定的素养。"因为他确定，只有先"成人"，才能后"成才"，"教育工作首先应该培养怎样做人"。他坚持认为："一个对我们的祖国、民族负有深深的责任感的科学家，必须要考虑社会科学和自然科学的交叉关系领域里的问题。""搞自然科学技术的人要懂得一点社会科学；搞社会科学的人也要懂得一点自然科学，这样才能把我们的国家建设成最先进的社会主义国家。"由此可见，钱校长之所以不遗余力地推进四校合并、推动创立新型交叉性学院，全是他对国家、对民族的感情和责任使然！

力推三制 培养全面的人

钱伟长校长这辈子在多个专业领域达到了大多数人无法企及的高度,但他归根结底是一位爱国主义者。正如他在接受中央电视台《大家》栏目主持人专访时所说:"我没有专业,国家需要就是我的专业。"他对他的研究生也是这样要求的。他在上海工大招收的第一个博士生周哲玮通过论文答辩后,请教导师:"接下来我应该做什么?"钱校长当即脸一沉:"你就是想到自己,国家需要你做什么你就应该做什么!"从此,弟子一刻不曾忘记导师的这个教诲,直至当了上大常务副校长还经常拿这事教育周围的学生。钱校长到了上海工大后,亲自为学校确定了人才培养目标:我们培养的学生,首先应该是一个全面的人,是一个爱国者,一个辩证唯物主义者,一个有文化艺术修养、道德品质高尚、心灵美好的人,其次,才是一个拥有学科、专业知识的人,一个未来的工程师、专门家。

四校合并,学科交叉融合,上大为培养"全面的人"搭建了一个崭新的平台。但光有新平台还不够,还必须创新教育教学体制。钱校长一到工大就疾呼:必须要克服传统的教育指导思想,这种思想就是"不教不会,在学校里学的知识将来能用一辈子"。必须要树立新的教育指导思想,即"学校开展一切教学工作的目的是培养学生的自学能力,不教也会"。何谓自学能力?钱校长的回答是:通过学校的教育,要求学生能掌握一种正确的学习方法、工作方法和思想方法,也就是辩证唯物主义的方法,所学的课程、专业只是一种载体,学生通过这些载体来掌握这种方法(图 3.3.1)。

图 3.3.1 钱校长和学生在一起(摄于 20 世纪 80 年代)

为此,钱校长到任后,首先推出的教学体制改革就是全面实行学分制、选课制和三学期制(又称为短学期制),在学校里简称为"三制"。根据他的思想,并在他具体指导下,由教务处着手制订实施三制的具体方案,经过一年的准备,于 1985 年 9 月新学年开始付诸试行,先从当年的新生开始。1986 年 3 月以后,徐匡迪担任工大副校长并分管教学工作,他对三制的细化、优化和具体落实做出了很大的贡献。经过几年的摸索、总结,于 1993 年 9 月制定了一整套关于全面推行三制的规章制度,正式在全校推开。1994 年 5 月新上大成立以后,即以工大的经验及已有的规章制度为蓝本,在全校实施三制。

高等教育实行学分制、选课制早就有之,在欧美国家流行已久,1949 年之前中国的大学也多有执行,但 1949 年之后直到改革开放前,却被视为一种"旧制度"而遭否定,1978年以后,高等教育界重提学分制,并在少数高校开始试水。与这些高校相比较,上海工大根据钱校长的意见推出的学分制及选课制具有明显的特征,简单说,就是突出学生的"四自主",即自主选择专业、自主选择课程、自主选择教师、自主选择修业年限,具体讲就是:学生进校先不分专业,学校按学科大类开展通识教育,一年级以后由学生选择专业,二年级后还可以换专业;学生可以跨专业、跨院系选课,学分简单叠加;因为同一门课,尤其是基础课由多名教师开课,所以学生可以根据自己的时间安排和对老师的了解自由选择听哪一位老师的课;允许学生修满某专业规定学分后提前毕业,也可以根据学生实际情况,允许延长修业年限,如四年制学生最长可以延至六年。工大在1993年推出的三制方案在当时的上海是绝无仅有的,在全国也属先行一步。那年,清华大学党委副书记陈希亲自带着该校教务处处长等一行专程到工大考察,让工大的领导得意了好一阵子:"连清华都到我们工大来学习了!"

上大的短学期制很特别。它是把一学年分为三学期,每学年教学日程大致安排是:9—11月为第一学期,12—2月为第二学期,3—5月为第三学期,也可称为秋季学期、冬季学期、春季学期;6—7月是实践环节,若把这一环节称作一学期(夏季学期)的话,短学期制也就能称作四学期制;每学期12周,10周上课,1.5周复习考试,0.5周间息假。与学分制、选课制配套,一学期是一个学习周期,学生在每个周期内都要修完若干门课程并通过考试或考查,获得学分,少数课程是跨学期完成的,学生在前一学年内获得学校所规定的学分方可进入后一学年学习。

为什么要设计成这样特别的学制?钱校长对此有专门的解释,他说:"这是我们鼓励学生比较独立的一种学习方法,启发他们的积极性,同时精简教材,三学期制只有30个星期上课,两学期制有36个星期上课,可同样这些课还要满足要求,不精简不行。过去因为教研组制度的束缚,使我们的课程越来越繁琐,内容越来越多,其实不必要的。我们应该相信学生,学到一定基础,自己能学,将来用到这些再学,并不是将来用到的现在一定给。

老实讲,不要认为样样东西都要在学校里学好,可是必须要晓得怎么学,这是一个很重要的问题。舍不得放弃一些东西,认为样样都要教,不教不会,一教就会。其实不是这样,不教也能会,教了也不一定会,因为你讲的不好。为此,我们所有的教材都要精简,要突出新的东西,更基础的东西,要训练学生自觉地抓学习,掌握自学的方法,而不必样样通过课堂教学。"他还特别指出:"我们的短学期制与其他的大学有所不同,这样,夏季学生可以参加社会实践,教师可以进行科研。今后我们的学校是科研与教学并举。我们要培养的不是一般质量的学生,要逐步转换成培养高质量的学生。""另一方面是短学期制要求我们学生不要在前几个礼拜麻痹。一开始马马虎虎,短学期一下子就过去了,这对学生要求提高了,每个星期都要认真学习。"所以,钱校长在学校一直坚持要搞这种短学期制(图3.3.2)。

图 3.3.2　钱校长在上大毕业典礼上为毕业生授证(2002年6月)

推行三制以后,传统班级的概念淡化,学生思想政治工作的时间和空间都随之发生变化,学生宿舍单元自然成为学生最为集中且活动时间与空间相对固定的地方,为此,上海工大于1993年把原先属于后勤部门的宿舍管理科分离出来，派遣一批从事专职学生思想政治工作的干部，成立了学生社区管理部。该部集思想教育、文化建设、学习指导、生活服务于一体，把学生宿舍建成校园文化建设最为活跃、健康的重要阵地，探索一条在三制条件下加强学生思想政治工作和加强校园文化建设的新途径。这种管理模式及机构时属国内高校首创，当年曾获得国家教委学生司、思想政治司和共青团中央等领导部门的高度评价。2007年，为了进一步落实钱校长关于"培养学生更多是在课外，不是在课内，更重要的也是在课外"这一重要思想，上大在学生社区管理部的基础上，创立了上大社区学院。社区学院进一步担负起培养"全面的人"的责任。2011年起，上大按大类招生入校的新生全部进入社区学院，不是按专业学院，而是按楼宇、楼层组织管理与教育教学。该学院最根本的任务是要进行以提高新生素质能力为主旨的课外人才培养，实现"四个有限目标"：一是使新生能够完成从高中生到大学生的转变；二是使新生中有明确目标和积极思考人生目标的同学有较大增加；三是使新生的自学能力和综合素质有较大的提高；四是使新生在学业、道德、情感和生活等方面较快得以和谐发展。围绕这些目标，该学院重点开展几方面的工作：一是开展"百千教师进社区"工程，即通过与9个专业学院及部门签订新生课外培养合作协议，吸引优秀教师主动参与学生课外培养；二是探索课内外联动模式，即契合分层分类的培养理念，创建以教师为主导、学生为主体的联动方式，内容上涵盖基础学习与拓展、人文素养提升、科创实践等方面，形式上强化师生教学互动，并实现学生活动与学术研究的有机融合；三是探索提升学生自主学习、自主管理能力的路径，即搭建学生事务中心、楼宇学生自主管理委员会，让新生当家作主，在实践中不断提升自我学习与管理能力；四是创建贴近学生需求的工作模式，即成立楼宇德育中心，搭建贴近学生需求的工作平台，辅导员、导师进驻楼宇办公，与楼宇管理员合力开展工作，主动挖掘、理性分析学生多样化需求，以学生成才需求为配置各种资源的依据，针对性、个性化引导学生全面成才。

"三制"改革对于学校建立创新性人才培养机制所起的积极作用影响深远。2011年12月,时任学校党委副书记、常务副校长周哲玮在《人民日报》上发表过一篇《20年后他们在哪里》的文章,文中有一段有关上大三制的话:"我们一个同学考进来时是知识产权学院的,因为学校有非常规范的转院系制度,她转到了建筑系,同时,又利用选课制进行第二学科学习,保留了知识产权作为第二专业。这位学生的爱好是弹钢琴,在上海大学的艺术中心,她又把钢琴水平迅速提高,在学校的音乐会上演奏。当我们发给她校园艺术家称号的时候,她已经拿到了德国音乐学院的奖学金。并没有老师告诉她要走这样一条路,但因为学校为学生提供了各种的机会平台,让学生有选择的空间,同时培养他们对自己的选择负责任的态度,他们就可以利用学校的平台获得更多的机会。"周哲玮的这篇文章在网上流传颇广,点击率很高,尤其是对那些想进入上大的高中生来说,这段话给了他们无限遐想。

继三制改革以后,上大又于2010年开始策划、2011年全面实施大类招生和通识教育改革。这项改革是全方位的系统工程,它包括招生、课程体系、教学方法、教育教学管理等一系列体制机制创新。

上大经过长期建设,形成了文理均衡的综合性大学格局,人文社会科学、理学、工学等发展迅速,这使学校推进通识教育具有较高的起点。再者,上大推行三制多年,已在学校形成学术自由、学习自主的良好氛围,制定了一系列相互配套的规章制度,使得每一位学生都有机会发现自己在哪方面有突出的才能,并有条件在上大发展自己的才能。因此,在上大实施大类招生和进行通识教育有着深厚的思想基础、学术基础和有效的制度保障。

以"大类招生"为特点的招生制度改革让中学生高考时降低选择专业的盲目性。上大自2011年秋季开始,除艺术类、中外合作办学类专业以外,其他所有专业按人文社科、理学工学、经济管理三个大类进行招生,同时在三大类下各招收一个基础班,即上大学生入学第一年无专业身份,第一学年末在大类内进行专业分流。这一举措给予考生更多的专业选择余地，新生进入上大后在选择专业时可以填报所在类内的所有专业，这对于考生来说具有很大的吸引力；另一方面，新生在进入上大的一年之后需要进行专业选择，该选择的重要依据是学生对专业选择的理性考量以及每位学生在类内的成绩排位。学生在专业分流前的一年内有足够的时间来思考自己今后发展方向的选择，学校也为其创建各种了解专业的机会，在专业信息公开平台上发布所有分流文件以及上届分流结果等信息，同时学生也可以在平台上查到自己的高考成绩、大一学习成绩、分流综合成绩及其在类内排名。分流政策既尊重学生在高考中所付出的努力，又激励学生在大一期间努力学习，同时也体现学生在校期间的综合表现。为了尊重学生的志向爱好，发挥学生的个性特长，进一步激发学生的学习主动性与积极性，上大还另行制订了学生分流后转专业的实施办法，为学生再次提供选择专业的机会。不容忽视的是，学校在为学生提供更多的选择机会、成才机会、挖掘学生潜能的同时，加大思想政治工作力度，引导广大学生能够把个人梦和国家梦、民族梦紧密相连，担负起个人发展和国家需要、民族复兴结合起来的责任。另外，对一些国家急需但相对冷门的专业也制订一些必要的优惠政策，但会逐步减少优惠。

通识教育是一种教育模式、思维方式、思想方法、教育理念，更是一种价值取向，是与社会发展相适应的目标追求，它贯穿于大学四年，渗透在人才培养的方方面面。专业学习也是通识教育的一部分。上大通识教育委员会及全校各学院、各专业教师经过不懈努力，为学生编制了大学一年级人才培养方案，初步建成了以"政治文明与社会建设""经济发展与全球视野""人文经典与文化传承""科技进步与生态文明"和"艺术修养与审美体验"等为模块的通识课程体系。这一体系涵盖人文社科、理学工学、经管理工三大类，由教授领衔来引导学生思考的近200门研讨课和跨越文理、纵横古今的由10个课程模块组成的300门通识课，力图突破单纯的"专业视域"和单纯的"知识视域"，帮助学生形成基本的人文修养、前瞻性的思维和历史的眼光,以期实现培养"全面的人"的人才培养目标。其中,面向大学一年级开设的课程就有170多门,绝大多数课程实现了以问题意识为导向,以经典精读为内容的课程形式。还给大一新生设了研讨课(Freshman Seminar),这也是通识教育改革中的重要组成部分。研讨课是由教授主讲、小班化教学、以问题为导向的课程模式,内容丰富,多学科融合交叉成为一大亮点。

在通识教育改革中,上大钱伟长学院的作用非常重要。上大从1997年起开设基础教学强化班,2007年升格为"自强学院",2011年更名为"钱伟长学院",并于当年被教育部遴选为全国15个试点学院之一,2018年获批教育部首届"三全育人"综合改革试点。该学院在培养机制上构建了数理基础、科学工具、人文学科和实践四大教育平台。在两年通识教育基础上,实现自主选择专业、本硕连读、联合培养以及一对一因材施教等多种人才培养模式。钱伟长学院的发展历程,为上大进一步开展通识教育提供了很好的实践基础。学校安排钱伟长学院和三个大类基础班为教改特区,在全校层面上或大类范围内暂时无法铺开的教育教学改革举措,可以在该学院和这些基础班中先行先试,试验成功的,具有推广性的,就在全校或大类内推广;试验有问题的,就及时予以调整或中止。

大类招生和通识教育改革实践,在校内外都产生了积极影响,为改善校风、教风、学风带来促进作用。现在,上大的学生更加充满朝气,学习热情空前高涨,学生在与一线教授的面对面交流中,感受到了大学文化和创新精神,学生中涌现了一批批个性张扬、思想活跃的学生,他们更加具有批判性思维,具有敢为人先的创新精神。上大的社会声誉渐隆,引得媒体纷纷前来采访。上大原副校长叶志明教授在接受记者采访时说:"好的课程教学设计理念是:把教的创造性留给教师,把学的主动权还给学生。只有激活课程内容,并使其成为一个开放系统,让学生通过自己的努力去感悟和实践,才能把学到的知识转变为智慧,才会更有创造力。"他的这番话精辟地表述了上大推进三制、大类招生和通识教育改革的内涵与目标。

破解难题　革新人事制度

2001年12月至次年1月,《人民日报》《光明日报》《解放日报》《文汇报》和中央电视台等各大新闻媒体和我国香港、新加坡的一些报纸竞相报道上大正在推行的教师职务聘任制改革(图3.4.1)。登载的文章有新闻报道,有评论员文章,有采访稿,文章的题目一个比一个醒目:《教授终身制绝迹上海大学》《上海大学45位正副教授落聘》《打破坚冰,推进高校职称改革》《上海大学不评职称了》《校长纵论"教授下岗"》,等等。

尽管外面的声浪阵阵高涨,但上大校内的干部、教师却波澜不惊,大家明白,报道的事实基本符合,只是标题有点夸大,更何况学校目前所做的,自身没有丝毫炒作的意思,其做法是从上大成立起就已经开始了的。

上大始终把教师队伍建设放在最优的位置。因为地方大学与国内外著名大学相比,差距主要是体现在教师队伍的整体水平上,学校要上台阶,关键就是抓好教师队伍建设。教师队伍建设的内动力就是深化改革,对学校内部而言,要推进教师聘任制改革,要打破"大锅饭",砸烂"铁交椅";对学校外部而言,要冲破"人才壁垒",促进

图 3.4.1　2001 年 12 月，关于上大教师专业职称改革的部分新闻报道

校内外人才合理流动。上大的这种改革，提法似乎并不新鲜，早在 1983—1984 年，国内很多事业单位的劳动人事与分配制度改革就已经这样提出。如今记者们蜂拥而至，自然想探究上大的改革究竟有哪些与众不同之处。

　　1994 年以后，上大开展劳动人事与分配制度改革，重点是教师专业技术职务聘任制改革，主要方面是对高级职称的教师实行"岗位职务聘任制"。以往所有具有中级职称的教师到了一定工作年限并达到一定学术水平以后，都可以申报高级职称，而经学科组和评审委员会评审通过的教师即自然成为学校在岗的高级职称人员，直至退休。这种做法也称作"以评代聘"，只要评上，就"享用"一辈子，干好干坏都一样。显然需要改革这种"以评代聘"，改革的初步阶段是实行"评聘分开"，即对已是高级职称的教师要根据工作实绩与岗位需求重新被选聘，对正在申报高级职称的教师是"评聘结合"，即首先要看有没有专业岗位，若有，才能申报且通过了学科评审获得了高级职称聘任资格以后，即正式被聘用。上大自 2001 年开始实行的教师岗位职务聘任制，是改革的"高级"阶段，就是既否定"以评代聘"，又否定"评聘分开"，肯定的是"评聘结合"。那年 6 月，学校推出《上海大学教师职务聘任条例》，取消教师、科研、工程技术、实验技术、图书资料等五个系列专业技术职称的评审,实行按岗位职责和任职条件严格考核后的职务岗位分级聘任,其中正、副教授等高级职称由校长聘任,只发聘书而没有任职资格证书。三年一聘,聘期结束后根据岗位需要和考核结果重新聘任。这意味着教授职称终身制在上大开始打破了。这项改革首先在四个学院进行试点,最后有5名原有正高级职称和40名原有副高级职称的教师落聘。这就是被媒体上热炒的"45名教授落聘"的由来。四个月以后,这项改革在上大全面展开,至次年4月,首批聘任工作结束,全校共有920名教师聘任到正、副高级职称岗位,其中同级聘任(受聘者原先已具有高级职称)730名,晋升聘任(受聘者申报并通过了高级职称资格)190名,有143名原有高级职称的教师在首批聘任中落聘,占全校原有高级职称教师的16.4%。上大这样的做法,被记者们说成是国内高校率先。

与热炒上大"45名教授落聘"差不多日子,新闻媒体上关于上大"百万年薪挖角""名教授100万'转会'"等方面的消息也十分地抢眼,说的是上大文学院从华东师范大学(简称华师大)引进王晓明教授的事。人才引进工作本来是学校人事部门的一项常规性工作,1994—2001年,学校引进高水平人才已经不下百人,其中中科院、工程院院士也有好几位,可为什么单就引进王晓明会闹出这么大动静呢?王晓明于1955年出生于上海,1977年考入华师大中文系本科,1979年破格成为中国现代文学专业研究生,师从著名教授许杰、钱谷融,1982年获文学硕士学位,毕业后在华师大中文系任教,在调入上大前,已是华师大中文系教授、博士生导师,他在20世纪中国文学研究、文学理论和中国近现代思想史研究领域成果颇丰,影响较大。毫无疑问,王晓明对上大来说是个不可或缺的高水平人才,引进他,希望他能担当起上大文学院中国语言文学系学科带头人的作用,捏合原有的力量,较快提高该学科的研究与教学水平。然而,上大绝无百万年薪之说。王晓明本人在回答记者的提问时,曾明确表示,在上大可能有更大的发展空间,更能发挥才能。其实,在他调入上大前后,另一位华师大的"重量级"人物——中国史学研究所所长、教授、博士生导师、历史学博士后流动站站长、著名先秦史研究专家谢维扬也调入了上大,其学术影响力不逊于王晓明,只是媒体没"炒"他而已。王晓明、谢维扬从人才济济的华师大调到上大,本来也得到了华师大领导的支持,然而被新闻媒体这么一起哄,在华师大校内激起了不小的波澜,指责领导不作为,学校留不住人,弄得他们的校长不得不亲自到上大来,与上大的领导商榷两校间的人才交流怎么样才能做到两全齐美。上大的领导当然也是希望有这样的好结果。实际情况也是如此,在差不多那几年,上大也有好几位高水平的教授"流"去了华师大,只不过上大的反响没有他们那样强烈。

无疑,上大的学术氛围、灵活的用人机制、多学科综合优势,包括钱伟长校长的人格魅力才是吸引人才的最重要的原因。2004年,王晓明在新上大组建十周年庆祝大会上作为教师代表发言,他在发言中说:"在上海大学,我是新教师,来这里不到三年。对学校创业的艰辛和取得的成绩,我的体会肯定不如其他同事深。但就是这两年多的时间,和同事们一起工作,我还是有一些感想。记得有一次,我和中文系的几位同事一起去和钱伟长校长座谈。听钱老侃侃而谈,我一边想,这才是一个大学的校长,现在的中国,实在是太需要钱老这样视野开阔,能纵论文史和理工,又有自己的思路,对大学教育有独特的追求的大学校长了。上大能有这样的校长,或者说,钱老和他的其他校长同事们,能在这种追求上保持共识,真是很难得。我的感受中比较突出的另外一点,是这里有一种锐气和生气。在这里,我自己亲身经历的,是一种不断地用新的发展去填充那些新空间的努力,一个一个新的学科的前芽,在其中发展起来。在我比较熟悉的文学院,社会学、历史学、文学、文化研究……新的东西不断地发展起来,一批真正在国外有影响的学者,为了这样的学科发展一起合作,这就是生气和锐气,是一所大学最可珍惜的精神气象。"王晓明的这一席话表达了上大新进人员的心声,也是上大勇于破解人事制度改革难题,努力打造一支"政治素质过硬、业务能力精湛、育人水平高超的高素质教师队伍"的初心所系。

图 3.4.2　钱校长和青年骨干教师在一起(2001 年 11 月)

适逢其会　跻身 211 工程

1996年12月23日,国家教委分管"211工程"[①](简称211)的副主任韦钰出席由上海市政府组织的"上海大学'211工程'部门预审"开幕式,这是韦主任唯一一次参加地方大学的"部门预审"并作正式讲话(图3.5.1、图3.5.2)。坐满上大延长校区三教演讲堂的近400名教师、干部对她所讲的每一句话都听得非常仔细,她讲道:"到现在,100所左右已经基本审批完毕,除了国家教委布置的学校外,国家教委不再批'211工程'预审的院校。那么,有些学校学科发展确有特色,地区确有需要,也有条件建设的,将会继续进行重点学科的预审,这种预审就不再以'211工程'名义进行,故'211工程'的预审工作基本结束,或者说已经结束。"话音未落,原本肃静的会场一下子不再安静:上大终

---

① 国务院于1994年7月3日颁发《关于〈中国教育改革和发展纲要〉的实施意见》,该"意见"中明确:"实施'211工程',面向21世纪,分期分批重点建设100所左右的高等学校和一批重点学科,使其到2000年在教育质量、科学研究、管理水平及办学效益等方面有较大提高,在教育改革方面有明显进展。争取有若干所高等学校在21世纪初接近或达到国际一流大学的学术水平。""211工程"(简称211)是我国为落实科教兴国战略而实施的一项跨世纪的战略工程,也是新中国成立以来在高等教育领域进行的规模最大的重点建设项目。按照规定,申办211的高校必须首先得通过主管部门组织专家组进行的"部门预审"。

图 3.5.1　上大"211 工程"部门预审开幕式(1996 年 12 月 23 日)

于"挤"进了 211,居然是最后一家!①

　　重点建设对政府而言就是重点投入,对学校而言就是实力的比拼,也是争一个"名分",对上大而言更是机不可失的发展契机,学校新建,百业待举,申报 211 足以聚焦全校师生的目光,而不再过于纠缠于合并初期的枝蔓。新校成立不久,钱伟长校长就在校长、书记联席会上明确要求:上大一定要进 211! 而且要进入 100 所高校中的前 50 名。

　　钱校长到任上大,不仅为学校带来一股改革新风,而且极大地提升了广大干部、教师的自信心。1995 年 1 月中旬,学校召开党建工作会议。党

---

　　① 211 是五年一期,建设周期与国家经济建设五年计划基本同步。第一期共预审通过了 101 所大学。迄今已进入第四期,二期以后又陆续增加了若干所,截至 2014 年 3 月,全国共有 118 所 211 高校,其中华北电力大学、中国石油大学、中国地质大学、中国矿业大学各拥有两个校区,都属 211。

图 3.5.2 钱校长和国家教委副主任韦钰在上大"211 工程"部门预审开幕式主席台上（1996 年 12 月 23 日）

委书记吴程里作了《全面贯彻四中全会精神，为跻身"211 工程"开创党建工作新局面而努力奋斗》的报告，常务副校长方明伦作了《全党动员，加快我校进入"211 工程"部门预审的准备工作》的报告。上大开始全力冲刺申报 211。

  上大申报 211 是件难度不小的事。1993 年国家提出"211 工程"时，全国有 1 000 多所高校，其中一向称作"国家重点高校"的教育部直属高校就有 36 所，还有几十个国家部委所属的几百所高校，哪怕一个部委就一所，就四五十所，还剩下 20 多个名额，每个省（市）一所也摊不到。学校间的竞争也导致省市间的竞争，以至于在个别省份发生高校师生为争夺唯一的 211 名额上街游行的不稳定事件。上海虽说是我国经济、科技、教育大市、强市，但要同时申报两所 211 高校，教育部也是轻易不松口的。1994 年召开的上海市教育工作会议上，上海市市长黄菊的报告中，将"争取上海大学、上海第二医科大学进入国家'211 工程'建设高校"列为上海教育重要建设事项。然而，在 1996 年上海市政府向国家教委申报 211 的文件中却把上海第二医科大学放在了上海大学前面。这种微妙的变化，上大的领导理解为是上海"官方"最终的态度，即教育部若坚持要"二取一"的话，那么文件中两所大学的前后自然就成了取舍的依据。这样的表态引起上大校领导的不安,赶快把这一情况向正在北京的钱校长做了汇报。钱校长随即决定约见国家教委的领导,不日,韦钰副主任如约到钱校长的寓所面谈。

1996年6月24日,韦主任在"211工程"部际协调小组①副主任胡龙孙陪同下专程到上大,在延长校区乐乎楼会议室听取学校现实情况的汇报。当年11月25日,韦主任再次到上海,在市教委听取有关上大申报211部门预审准备情况的汇报,主要是由上大党委书记吴程里、常务副校长方明伦进行汇报。

1996年12月23—25日,上海市政府组织了上大"211工程"部门预审。预审专家组组长是中国科学院院士、复旦大学校长杨福家,副组长是中国工程院院士、北京工业大学校长左铁镛,组员中有中国科学院院士、南昌大学校长潘际銮,同济大学校长吴启迪,中国科学院院士、北京师范大学原校长王梓坤,南京航空航天大学校长朱剑英,上海第二医科大学副校长薛纯良。钱校长和韦钰、中共上海市委副书记陈至立、上海市副市长龚学平、市政府秘书长周慕尧出席了开幕式。专家到学校后除了审阅学校的整体建设规划和重点学科建设规划以外,还要听取校长的汇报、召开学科带头人座谈会和参观重点实验室、研究中心。结果令大家都十分满意,上大申报211部门预审顺利通过。一年以后,即1997年12月29日,上大遵照"211工程"部际协调小组有关文件规定,接受专家组对上大"211工程""九五期间"(又称为一期)建设项目可行性研究报告进行论证,也获得通过。

上大终于可以安心地抓211建设了。可是,一波刚平一波又起,学校的教师包括正在海外进修的教师纷纷向校领导提出质疑:"我们是不是211高校啊?在教育部的官网上公布的211高校名录中怎么没有上大和上海第二医科大学呢?"学校211办公室向市教委211办公室询问事由,

---

① 由国家计委、财政部、国家教委联合组成。

回答是上海市政府在两所学校通过部门预审后就没有向教育部送交过正式的报告,因为上海市认为既然对这两所学校的实质性投入已经开始运作,教育部又不投一分钱,就不一定要报批。所以,在国家计委、财政部、国家教委的"本本"里就没有上海的这两所地方大学。后来,上海市政府还是补送了正式报告。2002年9月,学校终于接到教育部关于211的第一份"红头文件",是一份会议通知(笔者注:在此以前,市教委给学校的有关211的文件全是复印件,原由语焉不详,学校也不明就里),通知要求上大211主管领导赴京向教育部汇报本校211二期建设规划。9月17日,方明伦一行赴京,教育部党组书记、常务副部长周济亲自听取了汇报并做了具体指导。从此,上大才有了正式的"211大学"的"名份"。

211工程和此后实施的985工程①对我国高校而言,只是一个阶段性的建设项目,但其影响深远,在海内外已把"211大学""985大学"看成是中国大陆地区高水平大学的代名词。

---

① 1998年5月4日,江泽民在庆祝北京大学建校100周年大会上代表党和政府向全社会宣告:"为了实现现代化,我国要有若干所具有世界先进水平的一流大学。"1999年,国务院批转教育部《面向21世纪教育振兴行动计划》,"985工程"正式启动建设。列入"985工程"建设的学校共39所(全部是教育部所属高校)。

别具匠心　营造现代校园

　　四校合并而成的上大总占地面积有 1400 亩,但是分散在 11 个校区,分布于上海 9 个区县,那些年,上海人调侃说:"上海有多大,上海大学有多大。"校区如此分散,自然谈不上是"紧密型、化合型"合并,资源共享、学科交叉以及学分制、选课制的设想几乎不可能实现。上至国家教委和上海市领导,下至每一位普通师生都盼望着上大早日建成能够集中办学的新校区。

　　上海市的领导也在惦记着这件事,市长徐匡迪和市教卫党委书记郑令德则是亲自过问,帮着学校想办法,前后向学校提出了八九个方案,地方有远有近,地块有大有小,耄耋之年的钱校长会不顾劳累地一个个地方去察看,比较各个地块的优劣。1996 年 2 月,徐市长、郑书记来校会晤钱校长,拿出一个让钱校长比较满意的方案,就是现在宝山校区这块地。虽说与钱校长最初的设想不一样,他是想要 3000 亩土地建新校区,把 10 个校区集中起来(位于青浦的上大法学院隶属于上海司法局,上大对该院的资产没有管辖权)。徐市长虽也认可钱校长这个设想,但当时从各方面考虑还是确定只能先建 1500

亩,宝山区的领导也同意在1500亩土地周边保留一定的待征地,等以后有条件再扩征(笔者注:2007年上大在校区东边新征土地500亩,用于扩建校舍)。钱校长同意按这个方案做,但说清楚延长校区和嘉定校区不动(即原工大校园和上科大校园,两校园占地面积共约900亩)。

  好事总是多磨。上海市教委和上大按照徐市长和钱校长确定好了的方案开始"走程序",然而上海市计划委员会(简称市计委)关于"上海大学新校区工程立项"的批复迟迟未能下达,一年多过去了,不但没有进展,反而传过来某领导口风:建一所大学要这么多土地干什么!750亩够了。钱校长为此而寝食不宁,遂命秘书刘晓明按他的意思直接写信给市委书记黄菊,信中表白他为学校的发展前景不明朗而焦虑万分,以至睡不着觉。没几天,接到市委办公厅回话:黄菊书记择日到学校拜访校长。1997年6月4日,黄菊在市委副书记陈至立陪同下到上大延长校区乐乎楼见钱校长,一见面,这位清华大学电机系62届的毕业生先是恭敬地一声问候:"校长好!我在清华听过您的力学课。"然后三人进了会客室,刘晓明相随,就这四人关门谈话。时间不长,门开了,只见四人笑逐颜开,黄菊高兴地说,让我们和校长合个影吧,他谦和地对钱校长说:"您是校长,站在中间。"他和陈至立分立左右与钱校长合了影,然后与等候在门外的校领导一一握手告别。市领导走后,刘晓明向校领导们报告:黄菊书记说了,上大新校区工程马上"立项,开工",乐乎楼内顿时一片欢腾。

  接下来的事情就好办多了。1997年7月中旬,学校收到市计委关于上大新校区工程正式立项的批文。批文明确:工程总投资13亿元,征地1500亩,校舍总面积36万平方米,在校生(新校区)规模1.2万人,教职工3 000人;整个工程分两期建设,一期工程建造面积19.2万平方米,投资7.5亿元,其中市财政4亿元,还有3.5亿元由市教委、学校共同负责通过学校地产置换筹措。2000年,学校又收到市计委关于上大新校区二期工程项目可行性研究报告的批复,核定新校区在校生规模是本科生14 000人,研究生500人,外国留学生200人,教职工3 000人,校舍建设总面积42万平方米,总投资14.64亿元(市财政投资10亿元、学校地产置换3.5亿元,还有1.14亿元是上海某房产公司投入建造学生公寓)。1997年8月15日,上大与宝山区政府换文,双方约定有关征地事项。当年11月,上大新校区总体规划建筑方案征集与评选工作完成,徐匡迪市长全程关注着方案的选定工作。黄菊书记在这一年的上海市教育工作会议上说,要把上大新校区建成上海的"标志性工程"。新校区建设方案最后送黄菊亲自审定。结果,由浙江省建筑设计研究院和浙江大学建筑设计研究所联合设计的方案中标,建筑总承包是上海市建筑工程(集团)公司。12月26日,上大新校区工程举行奠基仪式。1999年8月,新校区一期工程基本竣工。9月12日,举行新校区启用暨1999年新生开学典礼,7 300名学生入住学校。2000年8月新校区二期工程基本完成,又有6 500名学生入住学校。此后两三年,体育中心和大礼堂(2007年命名为伟长楼)相继落成。1999年11月,中共中央政治局常委、国务院副总理李岚清在教育部部长陈至立的陪同下到上大新校区视察,进入校区,他连连大声说:"气势恢宏,气势恢宏啊!"视察结束,李岚清和学校干部、教师代表合影,他大声对大家说:"我们要感谢钱校长为学校做的贡献!"2002年6月,教育部党组书记、常务副部长周济到上大新校区访问,对校区规划、建造速度与建筑质量表示十分赞赏,他说是"在全国带了个好头"。

钱校长是上大新校区工程的总设计师。就在黄菊来校明确上大新校区工程"立项,开工"的当晚,钱校长兴奋异常,连夜手绘了一张新校区规划草图。不日,他召集校长、书记联席会议,展示了他的草图,并做了详细解释。草图画在接近工程画零号图纸那么大的纸上,是用铅笔画的,还用了尺子,画得很仔细,线条很清晰。这张图纸给人印象很深刻,因为图纸右下部分画了一个像鱼骨天线①般的图形,钱校长向大家解释说,这是连在一起的院系综合楼。看着这张画得清清楚楚的图纸,听着他那略显急促的话语,一幅画面顷刻定格在与会者的脑海里:夜色已沉,万籁俱寂,书房灯光依然明亮,一位白发老人正埋头书桌,专心致志,仔细绘图。这哪里只是一份草图,分明在绘制他心中的一所现代化大学的蓝图,在用他的心血在这块土地上描绘着他的理想。

除了这份手绘的草图以外,关于新校区建设,钱校长当年还留下两份重要手稿。一份手稿写于1997年4月中旬,是他对"上海大学新校区总体规划方案设计征集文件"提出的意见,近1 600字。第二份手稿写于1998年8月下旬,是他"对新校区环境建设的一些设想",全文4 000余字,文中还画了5幅示意图。两份手稿完整地表达了钱校长关于上大新校区的设计思想与具体要求,大到楼群布局,小到校园里要种些什么树木、教学楼走廊该多宽、厕所有多少蹲位,说到厕所他还特地关照,女生如厕时间长,所以女厕所蹲位要多。老人的缜密和对学生的人文关怀跃然字里行间。

上大教师、干部都知道钱校长为缔造这个现代化学府付出了多么大的辛劳和智慧,却未必说得清他对新校区建设到底提了多少条具体的建议,不过有一条谁都清楚,由鱼骨天线般的示意图演化成的院系综合楼——在一楼至三楼楼层有三条长走廊把所有院系楼串联在一起——是钱伟长教育思想的具象之一。上大新校区刚建成那几年,参观、访问者络绎不绝,都会对连成一串的院系综合楼感兴趣,不只是因为它外形壮观,而是更想了解钱校长为什么要这样设计?有一天,学校的一位干部当面"讨好"钱校长:"钱校长,院系综合楼看起来真漂亮呵!"钱校长闻言,面露不悦,提高嗓门说:"你们就是这样,说不听,我是一直在说,造这个通道把楼连起来,就是为了方便不同学院的教师互相往来,方便

---

① 鱼骨天线是一种接收UHF波段电视信号的天线,由于其形状有点像鱼骨头,所以又被称为"鱼骨天线"。

学生在不同学院选课,方便教师与学生的及时沟通,怎么可以对别人说,这是为了漂亮呢!"想当初,他把手绘草图展示给校领导们看的时候,就曾指着"鱼骨天线"强调,"我这样画的意思,就是要表示,综合性大学必须做到文理相通、理工结合、文理工互相渗透"。1999年,新校区一期工程竣工启用,部分学院要搬迁进来,钱校长关照,不能是一个学院一幢楼,最好是几个学院交叉安置,防止一个学院"占据"了一幢楼以后,又把自己圈得严严的。另外,钱校长还主张,学生宿舍的安排,也可以考虑把不同学院的学生交叉安排,甚至可以把不同专业的学生安排在同一间寝室里,这样可以让学生在课余交往中也可以感受到上大文理相通、理工结合、文理工互相渗透的优势和乐趣。一切都是为了能让学生享受到这样的优势和乐趣,才是钱校长一心要办综合性大学的良苦用心,也是他产生如此奇思妙想、画出鱼骨天线般院系综合楼的真正用意(图 3.6.1、图 3.6.2)!

图 3.6.1　上大宝山校区景观

图 3.6.2　上大宝山校区鸟瞰图(部分)

确立钱伟长教育思想

钱伟长校长到上海工大履任后,在他的眼里,工大存在的问题真不少,他感慨地说:"这哪里是一所大学,充其量就是一所专科学校。"为了不让大家太过泄气,他又补充了一句:"当然,这样的大学,在我国也还有不少。"(图 3.7.1)

1978 年以后,中国的高等教育规模空前扩大。党的十

图 3.7.1 上海市副市长杨恺(右)在上海工大欢迎钱校长履任(1983 年 1 月 16 日)

一届三中全会以后,国务院一次批准恢复和新建高校169所,到1981年全国共有高等学校704所。在1982年9月召开的党的十二大以后,经济社会的发展迫切需要教育先行,以便为各条战线培养大量急需的高级人才。1983年国务院批准教育部和国家计划委员会《关于加速发展高等教育的报告》,提出要千方百计克服困难,调动各方面的积极性,加速发展高等教育,各地按照这个精神积极新建高等院校,到1984年,全国的高等学校达到902所,1985年又增加了114所,到1986年已达到1054所。

  但是,大规模发展的势头,带给钱校长的喜悦并不能掩饰他对高等教育质量的担忧。虽然自1983年以后,在经济体制改革浪潮的推动下,高等教育也在尝试着进行内部管理体制和教育教学方面的改革,但是无论是老学校,还是新建学校,一方面是人、财、物的投入严重不足,另一方面是对于究竟如何办好一所大学缺乏清醒的认识,因此在办学模式和人才培养模式方面的改革依然没有大的突破。钱校长是一位大科学家、大教育家(图3.7.2),之所以称他是"大家",不仅是因为他取得了非凡的科学成就和培育了一大批杰出的人才,更主要的是,他看社会、看国家、看民族、看自然有着更宽的视野,有着对社会、国家、民族、自然更深的感情和更直接的关心。他对大学制度优劣的考量从来就是把学校置于经济社会发展的大背景下,以国家的需求为根本标准。自他1946年回国从教开始,就怀有一种为振兴中华献身教育的抱负,不管国内外时势如何变迁,他的这一抱负都未曾有过丝毫动摇,并对如何办好教育保持有足够清醒的头脑。20世纪50年代我国步入社会主义建设高潮,全国上下群情激昂,喊出"十二年赶超英美"的豪迈口号,那么,究竟达到什么样的水平才算是"赶超"了?钱校长的回答是:"在科学的各个领域上,有足够数量和足够水平的科学工作人员来研究解决我们国家生产建设上和文化建设上存在的科学方面的问题时;也就是说,我们国家建设中的科学上的问题,我们自己能够解决,而不仰仗人家来帮我们解决,这就是赶上了世界先进水平。"他特别强调,我国科学工作者完成科学任务的目的就是为了使我们国家在物质生活上和文化生活上有更大的提高,科

图 3.7.2　钱伟长校长教育论著

学理论是为这个目的服务的,其水平也是用这个来衡量的。所以,他不认为我国培养出了像爱因斯坦这样的人物,发明了像相对论这样的理论就算是赶上了世界先进水平。几十年过去了,到了中国改革开放时期,中国的高等教育改革和发展进入新的阶段,高等学校竞相把"建设世界一流大学"或"建设国内一流大学"树为办学目标。那么,究竟什么样的学校才算是一流大学?钱校长的回答依然言简意赅:能解决上海的问题,就是国内一流;能解决中国的问题,就是世界一流。钱校长把他的这种思想融入他振兴教育的理想和希望之中。他到上海办大学,就是要想方设法办一所能解决上海问题、能解决中国问题的大学。

钱校长到了上海工大后,先是一一走访了全校各系科,对工大状况作了全面了解。当年 9 月新学期开学,学校召开全校教师、干部大会,钱校长在会上做了一个关于办学方向的长篇讲话,讲了三个多小时。在这个讲话中,他向教师、干部提出了八个"怎样办"的思考:"怎样在党的教育方针指导下,直接为改革开放中的上海市的经济建设服务;怎样开拓办学路子;怎样进一步加强教育和生产的联系;怎样消除学校和社会的隔阂;怎样提高基础理论水平;怎样提高实践的能力;怎样提高学生德智体美的全面素质;怎样提高每一位教师的业务水平和教学水平,使学生的素质有更快的提高。"这八个方面的问题,几乎涵盖了我国高等教育现代化进程中需要回答的全部问题,包括如何把握大学的办学方向和如何深化教育体制改革等重大问题。在这次讲话中,他特别指出,高等教育改革最主要的是要克服陈腐的传统教育思想,树立社会主义新的教育思想,破除阻碍我们进步的旧的条条框框的教学模式,走中国式的社会主义高等教育的道路。他因此而提出关于大学要"拆四堵墙"的著名思想,并在他以后发表的讲话中、文章中不断地阐述这一思想。

办大学要拆四堵墙,归纳起来就是:第一要拆学校与社会之间的墙。经济建设和科学技术正在发生着极大的变化,我们学校必须适应社会的变化,密切与社会的联系,为社会服务,不然办不好学校。第二要拆校内各部门、各学科之间的墙。现在有的条条块块、部门所有制已经明显地影响了当代科学技术综合化发展的趋势,这堵墙正在逐步打通。第三要拆教学和科研之间的墙,倡导教学同科研相结合,教师既要教学,又要搞科研。第四要拆教与学之间的墙。当今世界科学技术和文化学术飞速发展,人们原有的知识很快变得老化过时,那种认为学生只有通过老师"教"才能"学"的传统教育思想,已不能满足当前高等教育的需要,从而应该逐步加以废除。教与学本来是一对矛盾,"教"虽有指导作用,但毕竟是外来因素,"学"才是内在因素,学生只有通过主动的学习,才能把所学的知识变成自己的知识。高等学校应该把学生培养成有自学能力的人,在工作中能不断自己学习新知识,面对新条件能解决问题的人。

关于办大学要"拆四堵墙"的思想是钱校长办学理念和治校方针的核心内容,是钱校长几十年从事科学、教育实践与理论创新之结晶,他在全国各地作了很多次关于"怎样学""怎样教""教与学""科学与科研""教育怎样为地方经济社会发展服务"等报告,都反映了他的这些教育思想。工大以及后来的上大的教育教学改革与实践都是围绕着这一思想而展开。他的教育思想也在这片土地发育与逐渐成熟。他以他的思想、才干和品格创造了上大的跨越式发展,经过不长的时间,把一个建校历史不长、办学基础薄弱、校区分散的地方大学建设成为一所拥有现代化校园、整体实力跻身国内先进行列、综合性的国家"211工程"重点大学。

2003年10月,上大接受教育部本科教学工作水平评估。在评估意见反馈会上,专家组组长李延保发表了一个"个人感言",他说:"本科教学工作水平评估从某种意义上讲,首先是评校长,评学校领导班子的办学思想、办学理念和办学水平,其中办学思想、办学理念是关键、是前提。上海大学有幸在钱伟长校长长期主持、领导下,形成了明确的学校发展目标,有清晰的办学理念、办学思想,学校党委为实现钱老提出的办学理念、办学思想,采取了一系列行之有效的改革措施,建立了比较完备的具有创新精神制度保障体系,推动学校朝着既定目标实施跨越式的发展目标。"他还说:"基于历史的原因,上海大学目前还没有进入全国最有名的一流大学行列,但上海大学有幸拥有中国最有名的一流的大学校长,有一批支持和实践钱老办学思想的领导和教职员工,因此上海大学是很有希望的。"李延保在评估意见反馈会上所发表的讲话极大地鼓舞了上大广大干部、教师深入研究与实践钱伟长办学理念和治校方针的热情。

2007年3月,上大党委书记于信汇在学校首次党的代表大会①上做了题为"落实科学发展观,加强内涵建设,构建和谐校园,为推进学校持续健康快速发展而奋斗"的报告,报告指出:"上海大学合并组建十二年以来取得的成绩,离不开钱伟长教育思想在我校的实践和发展。钱伟长校长把自己对党的教育方针的深刻理解和对社会、科技、教育发展趋势及其规律的把握,借鉴古今中外优秀教育思想和理论成果,经过上海大学全体师生长期的实践,逐渐形成了钱伟长教育思想。"报告还指出:"钱伟长教育思想是上海大学全体师生员工的精神财富,是在教育教学的实践中形成的,也必将在实践中丰富提高。我们要继续研究和总结、实践和发展钱伟

---

① 1994年四校合并组建上海大学以后召开的第一次中共党的代表大会。

长教育思想,使之融入我们的办学实践之中,成为学校鲜明的特色和文化传统,成为凝聚一代又一代上大人的精神。"

学校首届党代会召开以后,校内掀起一个学习、宣传、研究和实践钱伟长教育思想的高潮,在校党委的统一部署下,各级、各部门结合本部门、本单位工作实际,开展形式多样的学习与实践活动,同时组织了一支专兼职人员相结合的研究队伍,深入开展钱伟长教育思想研究工作,出版了一批研究专著,其中包括在校内外产生广泛影响的专著《钱伟长与上海大学》[①]。

2011年10月9日,在上大举行的纪念钱校长诞辰99周年大会上,中共上海市教卫党委书记李宣海和上大党委书记于信汇共同为上大新成立的"钱伟长学院"揭牌。该学院将建成实践钱伟长教育思想、培养上大最优秀学生的特色荣誉学院。2012年10月8日,为纪念钱校长诞辰100周年,"钱伟长图书馆"奠基仪式在上大隆重举行。上海市副市长沈晓明在奠基仪式上讲话,他在讲话中指出,这些年来,上大坚持党的教育方针,认真实践钱伟长教育思想,在众多领域走在全国高校的前列,学校的办学条件、水平、效益以及核心竞争力都有了跨越式的提升。这些成绩的取得,离不开上大领导班子和广大师生员工的团结进取、务实开拓,也是上大对钱伟长教育思想的生动实践。他希望,上大要深入贯彻落实科学发展观,继续秉承、实践钱校长的教育思想,坚定不移地推进改革、形成特色、促进发展,一步一个脚印地向国际知名、国内一流的综合性研究型大学迈进,为上海教育事业发展和社会进步做出更大贡献!

2017年7月,中共上海市委副书记尹弘到上大调研,他明确指示,上大要充分发挥"冠名'上海'""红色基因(笔者注:1922—1927年老上大革命传统)""钱伟长教育思想"三大优势,增强建设高水平高校的使命感和紧迫感,为上海形成更强的城市竞争力提供支撑,成为有特色、符合这个城市发展需要的一所高校。

---

① 曾文彪著,上海大学出版社2009年出版。

第四章
校园名人

于右任

于右任(图 4.1.1),老上大的创建者、校长。

1879 年 4 月 11 日出生于陕西三原,祖籍陕西泾阳,名伯循,字右任,曾用名刘学裕,晚年又号太平老人。两岁丧母,由伯母房氏抚养。1895 年以第一名成绩考入县学,成为秀才,两年后又在三原宏道书院、泾阳味经书院和西安关中书院继续求学,

图 4.1.1 于右任

1898 年参加岁试,又以第一名成绩补廪膳生,曾被陕西提督学政叶尔恺誉为"西北奇才"。

1904 年,刊印《半哭半笑楼诗草》嘲讽朝廷,清廷以"昌言革命,大逆不道"的罪名下令拿办,遂逃离开封到上海,化名刘学裕,入读马相伯先生创办的震旦学院。1905 年,法国天主教会阴谋夺取了震旦学院的管理权,他们强迫马相伯"住院养病",任命一名法国神父管理学校,把学校演变成法国教会控制下的学校。对教会的粗暴干涉,"学生

抗不从命",几乎全体学生集体退学。就在这一年,马相伯在张謇、严复等一批上海名流的支持和帮助下,带着于氏、邵力子等从震旦退学的学生在上海又办起了复旦公学(复旦大学前身),"复旦"寓含恢复震旦和振兴中华的两层意思。1906年,大批中国留日学生因反对日本文部省对中国留学生的活动进行无理限制,愤然回国,在上海发起组织中国公学,以使归国学生能在其中继续读书。于氏在该校任教员。复旦公学和中国公学为反清革命造就了大批人才。

于氏在1907—1912年五年当中,在上海连续办了三份报纸,即《民呼日报》《民吁日报》《民立报》,时人称为"竖三民"。《神州日报》于1907年4月创刊,于氏任社长。次年2月,毗邻的广益书局失火,祸及报社。重新复刊时,因内部意见分歧,于氏退出该报,另筹《民呼日报》。1909年5月《民呼日报》创刊,于氏任社长。此前,于氏即有创刊《启事》公告天下:此报"以'为民请命'为宗旨,大声疾呼,故曰'民呼'"。该报问世以后,发表了许多揭露和抨击清王朝黑暗统治的文章。清政府对《民呼日报》和于氏恨之入骨,扬言要挖掉于的眼睛,当年8月将于氏拘捕、《民呼日报》执照被吊销、于氏被判令"逐出租界"。于氏并没有屈服,10月又创刊《民吁日报》。他改"呼"为"吁",少了两点,象征已去双眼。但他顽强地表示,即使双眼被挖,仍要为民吁天。当时,因于氏不便公开露面,乃以范光启为社长,但他仍是该报的实际主持人。不久,租界又以该报报道朝鲜爱国志士安重根刺杀伊藤博文的文章"有损中日邦交"为借口,再次将于氏拘捕,又查封了《民吁日报》。于氏出狱之后,计划办一份规模更大的报纸。在爱国人士沈缦云等人资助下,1910年10月,以于氏为社长的《民立报》问世。由于有宋教仁、刘觉民、张季鸾、范光启等一批骨干的帮助、支持,《民立报》成为当时国内发行数量最大的报纸。于氏以"骚心"为笔名,在《民立报》先后发表300多篇文章,对清王朝的统治进行了猛烈的抨击,这些文章也感动和激励了一代学子。毛泽东当年在接受美国记者斯诺采访时曾说:"我在长沙第一次看到的报纸《民立报》,是一份民族革命的日报,这报是于右任先生主编的。"1911年武昌起义爆发后,孙中山从国外回到上海,首先到《民立报》报馆会见于氏,并题"戮力同心"四字,嘉勉于氏及《民立报》对辛亥革命的贡献。

  于氏是国民党元老和民主革命的先驱者,早年追随孙中山,投身辛亥革命。1906年4月,于氏为创办《神州日报》赴日本考察新闻并募集办报经费,由陕籍留日学生康宝忠、好友刘觉民引荐结识孙中山,并于同年11月加入中国同盟会。孙中山委任于氏为长江大都督,负责上海一带同盟会事务。南京临时政府成立,于氏被任命为交通部次长。1912年春孙中山辞职,于氏也辞职,回上海继续办报。"二次革命"失败,《民立报》被查封,于氏避居日本,从事反对袁世凯的斗争。1918年1月,胡景翼、刘觉民等人在陕西三原树起陕西靖国军旗,请于氏回陕主持。8月,于氏回陕就任陕西靖国军总司令,指挥这支武装坚持四年有余,成为北方地区唯一响应孙中山护法运动的军事、政治力量。1922年5月陕西靖国军解体,当年8月于氏到上海协助孙中山进行中国国民党的改组工作。10月,创建上海大学并任校长。1924年1月,于氏出席中国国民党一大并被选为中央执行委员,他提出了国共两党"合则两益,离则两损"的著名论断。10月,冯玉祥、胡景翼等邀请孙中山、于氏、刘觉民等人北上。12月31日,孙中山抱病到京。不久,命于氏和汪精卫等组成国民党中央北京政治委员会,处理北方国民党事务。1925年,国民政府在广州成立,于氏被选为国民政府委员。1926年1月,在中国国民党二大上,于氏继续当选为中央执行委员。1926年赴莫斯科敦促冯玉祥回国参加北伐,并为被地方军阀刘镇华围困的西安城解围。冯玉祥、于氏回国后,9月在绥远五原誓师成立国民军联军,冯玉祥任总司令,于氏代表国民党和国民政府监誓、授旗,并任副总司令。接着,于氏随援陕先头部队,进入陕境。11月下旬,刘镇华全线溃退,西安解围,于氏以国民军联军驻陕总司令的名义进驻西安,代行全省政务。在于氏、邓宝珊的支持和大批回陕的旅外学生推动下,全省工、农、学生、妇女运动蓬勃发展,出现了陕西近现代史上少有的革命高潮。

此后，于氏历任国民党政府审计院院长、监察院院长，1949年前后任监察院院长达34年。

于氏是位爱国政治家。1927年蒋介石发动四一二政变，叛变革命，于氏在4月27日陕西省党部召集的讨蒋大会上，痛斥蒋介石"叛党叛国之罪恶"。第二次国共合作期间，于氏与中国共产党保持着良好的关系。1938年1月，中国共产党领导的《新华日报》在武汉创刊，于氏应邀为该报题写报头；到重庆后，于氏仍通过女婿屈武与中共保持联系。汪精卫公开投降日寇后，他口诛笔伐，并赞成将其永远开除出国民党。1945年9月，毛泽东赴重庆谈判期间，曾专程去看望过于氏，于氏亦设宴款待毛泽东。1948年，于氏极力希望通过和谈解决中国问题。1949年4月20日，国民党拒绝接受《国内和平协定》，人民解放军发起渡江战役，国民党军政机关撤往广州，于氏被"护送"至上海。广州解放前于氏到香港，11月26日奉召到重庆，29日被裹挟到台湾，原配夫人高仲林、长女于芝秀等亲属仍留在大陆。

于氏是位教育家，是中国近现代高等教育奠基人之一。他在上海创办了上海大学以外，还为马相伯创办复旦公学、留日归国学生创办中国公学做过贡献；在陕西，1927年创办西安中山军事学校，1934年创办国立西北农林专科学校（西北农林科技大学前身）；在台湾，1964年创办位于基隆市的崇右技术学院。另外，他在西北地区还创办了多所中学。

于氏是位诗人。他是南社早期的诗人，他的诗、词、曲均有很高的造诣，曾写下不少寄托国家、民族兴衰之情的诗篇。晚年在台湾的他孤独无依，深念大陆亲人，非常渴望叶落归根，但终未能如愿，抑郁苦闷，无以释怀，于1962年1月24日写下了脍炙人口的《望故乡》（又名《国殇》或《望大陆》）："葬我于高山之上兮，望我大陆；大陆不可见兮，只有痛哭。葬我于高山之上兮，望我故乡；故乡不可见兮，永不能忘。天苍苍，野茫茫，山之上，国有殇！"《望故乡》是于氏一生中的峰巅之作，也是他的千古绝唱。2003年3月18日温家宝当选中国新一届总理后，在举行的第一次中外记者招待会上,回答台湾记者提问"对两岸关系的看法"时,他说:"说起台湾,我很动情,不由地想起了一位辛亥革命的老人,国民党的元老于右任在他临终前写过的一首哀歌。"温总理当众吟咏了于氏的这首《望故乡》诗,并说"这是震撼中华民族的词句"。

于氏是位书法家。他极精书法,尤擅草书,被世人誉为中国近代书法史上具有极大成就的书法艺术大家、中国当代书圣(图4.1.2)。坊间曾流传一逸闻,于氏在任监察院院长时,常见不修边幅之人在院内墙旯儿处小便,便在该处贴一字条:"不可随处小便。"有好其书法者,将这字条揭去,稍作剪裁,裱成:"小处不可随便。"意外得到于氏的手书一幅。

1964年11月10日,于氏在台北病逝,墓地位于台湾阳明山。他一生清廉,长期历任高官,去世时却没有留下任何财物。他曾书嘱蒋经国:"计利当计天下利,求名应求万年名。"他的长子在上海完婚时,他将所有朋友送的礼金全部送回家乡陕西作为赈灾款项。

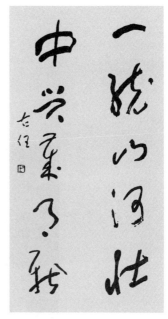

图 4.1.2　于右任书法作品("一统山河壮中兴岁月新")

长子于望德为寻找父亲的遗嘱,特请来台湾"监察院"副院长、"监察委员"等数人作证,打开于氏最为珍贵的保险箱。开箱以后,大家被眼前的物件所感动。箱子里没有一点金银积蓄,所能见到的是一支钢笔、数方印章与几本日记,还有结发妻子高仲林早年亲手为他缝制的布鞋布袜,再有,便是他的三儿子于中令5月赴美留学时向银行借贷的4万元账本以及平日借副官宋子才的数万元的账单①。

---

① 摘自凤凰网,凤凰资讯——历史:于氏在台湾的最后时光。

瞿秋白

图 4.2.1　瞿秋白

瞿秋白(图 4.2.1),是老上大的创建者之一,该校最负盛名的社会学系创始人暨首位系主任。

1899 年 1 月出生于江苏常州,祖籍江苏宜兴。1917 年春,随堂兄到北京,考入外交部办的俄文专修馆,学习俄文。

1919 年,瞿氏参与了五四运动,加入了李大钊发起的马克思主义研究会。1920 年 8 月,瞿氏被北京《晨报》和上海《时事新报》聘为特约通讯员到莫斯科采访。1921 年 7 月 6 日和 11 月 7 日,瞿氏两次见到革命导师列宁,并聆听了他的演讲。1921 年秋,莫斯科东方大学开办中国班,瞿氏进入该校任翻译和助教,中国班学生中有刘少奇、罗亦农、彭述之、任弼时、柯庆施、王一飞、肖劲光等,瞿氏讲授俄文、唯物辩证法、政治经济学,并担任政治理论课翻译。1921 年 5 月瞿氏由张太雷介绍加入俄共党组织,1922 年春,加入中国共产党。1922年底,陈独秀代表中国共产党到莫斯科,瞿氏担任他的翻译。

1923年1月,瞿氏受陈独秀邀请,离开莫斯科回到北京。4月,瞿氏翻译的斯大林著作《论列宁主义基础》中的《列宁主义概述》在《新青年》第1号上发表。1923年夏,瞿氏到上海兼管中共宣传工作,担任《新青年》的主编,同时主编中共中央的机关刊物《前锋》杂志,并参加编辑中共中央的机关刊物《向导》周报。同年8月,经李大钊向于右仁推荐,瞿氏到上海大学担任教务长兼社会学系主任,也是上大执掌全校事务的行政委员会委员之一,直至1925年4月,离开上大。

1923年底,瞿氏参与国民党第一次全国代表大会宣言(草案)的起草。宣言确立了联俄、联共、扶助工农的新三民主义政策。1924年1月,瞿氏在中国国民党第一次全国代表大会上当选为国民党候补中央执行委员。7月,根据孙中山建议,国民党中央设立政治委员会,孙中山任主席,瞿氏是5名委员之一。这一时期,瞿氏还以国民党中央候补执行委员身份参加国民党上海执行部的指导工作,同时还担任上海国民党机关报《民国日报》的编辑工作。

1925年1月起,瞿氏先后在中共的第四次、五次、六次全国代表大会上,当选为中央委员、中央局委员和中央政治局委员,成为中共领袖之一。"五卅惨案"发生后,瞿氏同陈独秀、蔡和森、李立三、恽代英、刘少奇等领导了反帝爱国运动。6月,瞿氏负责主编出版了中共第一张日报《热血日报》,报道上海和全国人民反帝斗争的消息。1926年春病重住院。

1927年2—3月,瞿氏参与领导上海工人第二次、第三次武装起义。4月27日至5月9日,中共五大在汉口召开,瞿氏发表《中国革命中之争论问题》,尖锐地批评了陈独秀等以及共产国际为代表的右倾机会主义错误。瞿氏当选为中央委员、政治局委员,并任政治局常委。1927年8月7日,共产国际代表主持中共中央召开会议("八七会议"),正式将陈独秀(缺席)免职,并指定瞿氏担任临时中央政治局常委,并主持中央工作,成为继陈独秀之后，中国共产党第二任最高领导人。

  1928年6月，瞿氏在莫斯科郊外主持召开中共六大，六大之后瞿氏继续留在莫斯科，担任中共驻共产国际的代表团团长，实际在国内直接领导中共的是李立三和向忠发。1930年春，瞿氏遭到王明等人反对，在联共中央和共产国际的授意下，被撤销了中共驻莫斯科代表的职务，8月离开苏联回到上海。中共在9月底召开的六届三中全会上，批判李立三冒险主义路线，瞿氏也被解除中央领导职务。王明代理总书记，去莫斯科担任中共驻共产国际代表后，由博古（秦邦宪）接任临时中央总负责人。

  此后瞿氏因患肺结核留在上海养病，同时进行文艺创作和翻译，与茅盾、鲁迅结下深厚友谊，领导左翼文化运动。1934年1月，瞿氏奉命离开上海，于1934年2月到达中央革命根据地瑞金，任中华苏维埃共和国中央执委会委员、教育部部长等职。红军决定长征后，瞿氏留在即将被国民党反动派占领的瑞金。

  1935年2月，瞿氏在向香港转移途中，在福建省长汀县被地方反动武装俘获，关入上杭监狱。由于叛徒指认，身份被识破，于5月被押解到长汀。瞿氏在被押期间写下了《多余的话》，表达其文人从政曲折的心路历程。6月18日晨，写完绝笔诗，神态自若缓步走出囚室，到长汀中山公园凉亭前拍照，留下最后的风采。用毕酒菜，从容走向刑场，沿途唱俄文《国际歌》《红军歌》，高呼"中国共产党万岁""共产主义万岁"等口号。到达罗汉岭，选一草坡坐下，对刽子手微笑点头说："此地甚好！"饮弹洒血，从容就义。年仅36岁。

  瞿氏有过两次婚姻但没有亲生儿女，生前视第二任妻子带过来的女儿瞿独伊如亲生骨肉（图4.2.2）。第一任妻子王剑虹1903年出生于四川酉阳，1923年在上大中国文学系求学，那年两人相识、相爱，不到半年即结合，婚后生活充满了诗歌的浪漫和词赋的情趣。遗憾的是，结婚仅7个月，王剑虹就因患肺结核而去世。第二任妻子杨之华，1900年出生于浙江

图 4.2.2 瞿秋白与妻子杨之华(左)、女儿瞿独伊合影

萧山,1922年为逃离不幸婚姻只身跑到上海,参加妇女运动,认识了向警予、王剑虹等人,并于1923年底被上大社会学系录取。杨之华学习努力,又是社会活动的积极分子,瞿氏与她渐渐熟悉起来,还做了她的入党介绍人。1924年11月7日,即俄国十月革命纪念日,瞿氏、杨之华在上海举行了结婚仪式。瞿氏牺牲后杨之华未再婚,她这样回答:"再没有人比秋白对我更好了。"1955年,经过20年的努力寻找,杨之华终于在福建长汀找到了瞿氏的骸骨,并运回北京,安葬在八宝山革命公墓。周恩来总理亲笔题写了"瞿秋白之墓"的墓碑。

瞿氏是上大"红色基因"的缔造者。上大同政治有密切的关系,但它毕竟是文化教育单位,必须从发展新文化运动着手,方有前途。瞿氏一开始就清晰地认识到这一点。他在1923年7月30日写给胡适的信中说:"既就了上大的事,便要用些精神,负起责任……我们和平伯(即俞平伯)都希望上大能成南方的新文化运动中心。"瞿氏还在当年8月23日的《民国日报》副刊《觉悟》上发表了《现代中国所当有的"上海大学"》,精辟地概括了近百年来中国向西方文明学习的态度和顺序是"由浮泛的表面的军事技术之改进,而不得不求此技术之根源于自然科学数理科学;由模仿的急功近利的政治制度之改变,而不得不求此种制度之原理于社会科学"。当务之急,是研究社会科学,吸收外国优秀的文化艺术,"并不是'国粹沦丧,文化坠绝'之表征,而却是中国文化命运之转机,中国新文化生活(复生)的端倪"。总之,"切实社会科学的研究及形成新文艺的系统——这两件事便是当有的'上海大学'之职任,亦就是'上海大学',所以当有的理由"①。他在该文中详细地规划了上大各系的课程和目的以及远景设想。

在瞿氏的主持下,上大社会学系开设了一系列宣讲马克思主义学说与社会主义理论的课程。其中有:辩证唯物主义与历史唯物主义、社会学原理、社会运动史、现代社会学、社会进化论、经济学与经济史、政治学与政治史、中国近百年史以及社会问题、劳动问题、妇女问题、青年问题等。这些课程除社会系学生外,其他系的学生,甚至其他学校的学生都热心选修或旁听。瞿氏在上大讲授现代社会学、社会哲学概论、社会科学概论等,比先前更全面更系统地阐述了辩证唯物主义与历史唯物主义的理论,对我国的马克思主义的理论建设起了开拓性和奠基性的作用。

上大根据讲义,汇编了《社会科学讲义》共四集出版,广为传播,影响甚大,其中收入了瞿氏的《社会哲学概论》《现代社会学》等。此外,瞿氏的《社会科学概论》《现代民族问题》等,由社会上的有关书局公开出版或由报刊发表,在社会上产生很大影响。中国共产党早期的一些重要理论著作,有不少是在上大的教学中产生的。瞿氏的哲学著作是马克思主义哲学在中国传播史上和中国无产阶级哲学思想发展史上的一个重要里程碑。

瞿氏知识渊博,才华横溢,是一位文学、艺术及俄文功底深厚的哲学家,课也上得好。当年王剑虹的同学、也在上大中国文学系求学的丁玲(又名丁冰之)回忆说:"最好的教员却是瞿秋白,他几乎每天下课后都来

---

① 黄美真等编:《上海大学史料》,复旦大学出版社1984年版,第1—13页。

我们这里。于是,我们的小亭子间热闹了。他谈话的面很宽,他讲希腊、罗马,讲文艺复兴,也讲唐宋元明。他不但讲死人,而且也讲活人。他不是对小孩讲故事,对学生讲书,而是把我们当作同游者,一同游历上下古今,东南西北。我常怀疑他为什么不在文学系教书而在社会科学系教书?他在那里讲哲学,哲学是什么呢?是很深奥的吧?他一定精通哲学!但他不同我们讲哲学,只讲文学,讲社会生活,讲社会生活中的形形色色。后来,他为了帮助我们能很快懂得普希金的语言的美丽,他教我们读俄文的普希金的诗。他的教法很特别,稍学字母拼音后,就直接读原文的诗,在诗句中讲文法,讲变格,讲俄文用语的特点,讲普希金用词的美丽。为了读一首诗,我们得读二百多个生字,得记熟许多文法。但这二百多个生字、文法,由于诗,就好像完全吃进去了。当我们读了三四首诗后,我们自己简直以为已经掌握了俄文了。"[1]杨之华也回忆说:"第一次听他讲课的时候,使我惊奇的是学生突然加多了。其他班的学生,还有中、英文系的学生,其他大学中的党团员或先进的积极分子,甚至我们的好教师恽代英、萧楚女、上大附属中学部主任侯绍裘等同志都愿来听听。""当课堂里开始安静下来的时候,我看到秋白从人丛中走进课堂,走上了讲台。他穿着一件西装上衣,手上拿着一顶帽子,他的头发向后梳,额角宽而平,鼻梁上架一副近视眼镜,与他的脸庞很相称。他和蔼亲切地微笑着,打开皮包,拿出讲义和笔记本,开始讲课了。他神志安逸而从容,声音虽不洪亮,但即使站在课堂外的同学也能听到。在他的讲话中,没有华丽的词藻和空谈。同学们的水平参差不齐,他为了使大家明白,引证了丰富的中外古今的故事,深入浅出地分析问题,把理论与当前的实际斗争相结合。同学们都很珍重地记下笔记,万一有人因为参加社会活动而缺了课,非要借别人的笔记抄下来,才能安心睡觉。"[2]

瞿氏在上海及上大的革命活动自然引起帝国主义者和国民党右派的

---

[1] 黄美真等编:《上海大学史料》,复旦大学出版社1984年版,第92—93页。
[2] 同上,第88—89页。

仇视。1924年12月,上海公共租界巡捕房搜抄瞿氏在慕尔鸣路(今茂名北路)的住所和西摩路的上大校园,上大校内外的国民党右派也鼓噪着要瞿氏离开上大。1925年4月,瞿氏因革命需要离开上大。①

---

① 《世纪老人的回眸——郑超麟:回忆上海大学访谈录》,《上海大学校友通讯》(内刊)1998年第2期。

周 仁

周仁（图 4.3.1），1959 年 9 月由中共上海市委任命为上科大首任校长，直至 1973 年 12 月病逝。周氏在上科大当校长 14 年，但在学校没有留下多少文字与影像资料。然而，他是一位不应被上大遗忘的奠基者。

周氏，字子竞，1892 年 8 月生于江苏江宁。父亲早亡，1902 年到上海舅父家，进育才中学学

图 4.3.1　周仁

习。1904 年，回到江苏镇江，在承志中学继续求学，1907 年 12 月，以优异成绩毕业，1908 升入南京江南高等学堂，1910 年毕业。不久，他考取清华留美公费生，与赵元任、胡明复、胡适等同行，同入美国康乃尔大学。1914 年夏他以优异成绩毕业，同年考取研究生，所选的专业和研究方向是冶金。1915 年，获硕士学位，于同年 8 月回国。

周氏是我国现代科技先驱、冶金学和陶瓷学的奠基人。1916 年他到南京高等师范学校任教，1922 年到交通

大学任教务长、机械系教授,1927年到中央大学任工学院院长、教授。著名物理学家吴有训是他在南京高等师范学校的学生。1927年,周氏受蔡元培之托,参与中央研究院的筹备工作,任理化实验所常务筹备委员。1928年,中央研究院成立,周氏任工程研究所所长兼研究员。1937年抗日战争全面爆发,工程研究所内迁至昆明,并于1939年办起了中国电力制钢厂,周氏任总经理兼总工程师,仍兼任中央研究院工程研究所所长、研究员。1945年抗战胜利,工程研究所改称工学研究所。1946年工学研究所和化学所一同迁至上海,研究所的冶金部分留在昆明。中华人民共和国成立前夕,1949年7月周氏应邀去北平商议成立中国科学院(简称中科院)。中科院成立后,工学研究所改为中科院工学实验馆,周氏任馆长。1953年,工学实验馆改名中科院冶金陶瓷研究所,周氏任所长。1958年、1959年,中科院从冶金陶瓷研究所先后分出、组建了长沙矿冶所(现为冶金工业部长沙矿冶研究院)、昆明贵金属所、中科院硅酸盐化学与工学研究所(现中科院上海硅酸盐研究所)、中科院上海冶金研究所(现中科院上海微系统与信息技术研究所)。周氏是这些研究院、所的创建者,并担任上海冶金研究所、上海硅酸盐化学与工学所的首任所长。20世纪50年代初,周恩来总理指示要抓好古瓷的研究和生产,欲请郭沫若出马。郭说,上海有个周仁,对此造诣颇深,于是重任就落在了周氏的身上,他在冶金陶瓷研究所内成立中国古陶瓷研究小组,亲自担任组长。1956年,周氏等在北京创建了中国金属学会,他当选为中国金属学会第一、第二届理事长。同年,又与他人一起创建了矽(硅)酸盐学会,他还在上海创办了第一个硅酸盐专业学术刊物——《矽酸盐》。

　　周氏是中国第一个现代科学学术团体和第一种现代科学刊物的创始人之一。1915年现代科学技术在中国尚处于萌芽时期,在美国康乃尔大学留学的周氏、任鸿隽、赵元任、秉志、杨铨(字杏佛)、胡达(后改名胡明复)、章元善等9人感奋于要用先进的科学技术来唤醒沉睡的祖国,于是共同创办了《科学》杂志,并成立了科学社。1915年8月回国后,《科学》改在国内出版,学社也正式改组为"中国科学社",周氏是该社第一届董事会五名成员之一,他们决心为普及科学技术贡献自己的力量。科学社成立不到20年,除创办《科学》杂志外,还创办了中国第一个研究生物的机构——生物研究所、一个专藏科技图书的明复图书馆、一个专门出版科技图书的中国科学图书仪器公司。《科学》在当时是一个具有启蒙意义的杂志,它为传播世界现代科技及发现国内的科学新星起了不少作用,如著名数学家华罗庚被大数学家熊庆来发现就是一例。1930年《科学》杂志第二期刊登了一篇华罗庚的文章,题目是《苏家驹之代数的五次方程式不能成立的理由》,这篇文章被熊庆来看到,便举荐华罗庚——一个只上过初中的年轻人跨入清华大学当助教。周氏还于1933年8月创办了迄今中国历史上最悠久的综合性科普期刊《科学画刊》,还一直是这个刊物的特约撰稿人。时至今日,这个刊物仍然起着普及科学教育、提高大众科学素养的作用。

　　周氏是位爱国、正直的科学家。1915年,他在美国康乃尔大学获硕士学位后,毅然放弃攻读博士学位及美国摩尔公司的聘请,于同年8月回国。回国后,他满怀激情地想去时为中国唯一的钢铁公司——汉冶萍公司工作,但经多方接洽,都无结果。1919年,康乃尔大学的同学任鸿隽受四川省政府委托筹建四川炼钢厂,邀请周氏到钢厂任总工程师。于是,周氏与任鸿隽一起去美国购买设备,1921年底回国,返至上海时,四川政局发生变化,机器无法运至重庆,他施展抱负的愿望又一次受挫。1937年抗日战争全面爆发,上海沦陷,为保存中央研究院工程研究所的科研力量,周氏千辛万苦,把分散的技术人员重新组织起来,又把图书、仪器、电炉、材料试验机等从上海途经香港等地辗转一年运抵昆明。迁至昆明后,他与同仁们在极其困难的条件下,研制成功一些急需的特种钢材,为抗日战争做出了贡献。上海解放前夕,南京国民政府教育总长多次授意周氏去台湾,但他拒不赴台。新中国成立后,他围绕着国家的需求,以强烈的责任感,精心贡献自己的才华。1951 年他研制成功球墨铸铁并推广全国;1953 年他负责包头和大冶两大铁矿的冶炼及综合利用的研究工作,攻克了冶炼工艺的关键技术难题,解决了含氟高炉煤气对钢铁结构和含氟炉渣对耐火材料的腐蚀;1953 年他遵照周恩来总理的指示,研制出一批具有传统特色、达到古代陶瓷水平的高级陶瓷,而后几年又与助手撰写的《我国黄河流域新石器时代和殷商时代制陶工艺的科学总结》等 14 篇论文,填补了我国陶瓷工艺自古只有经验而无理论的空白;1955 年他当选为中科院首批学部委员;1955—1956 年他参与制定我国《1956—1967 年科学技术发展远景规划》(简称十二年科技规划)。周氏于 1953 年起担任中科院上海分院的副院长,1954 年、1959 年、1964 年连续当选为全国人民代表大会一届、二届、三届人民代表。

周氏的父亲只是一名小官吏且因病早逝,但与周家有联姻关系的几位却是上海乃至中国近代史上的显赫人物。周氏的祖母是盛宣怀的姐姐,盛宣怀是晚清重臣李鸿章的幕僚、洋务派的代表人物、中国近现代工业的开拓者、南洋公学(交通大学前身)的创始人;周氏的姐姐周峻是蔡元培的夫人,蔡元培是中国民主革命家、社会活动家、教育家、北京大学的著名校长,中央研究院的创始人;周氏的夫人聂其璧是上海道台(相当于上海市市长)聂缉椝和曾国藩之女曾纪芬夫妇最小的女儿。周氏、聂其璧于 1923 年成婚,那一年,周氏正任交通大学教务长、教授。有着这样的家庭背景,周氏、聂其璧在"文化大革命"中的日子本来就不好过,偏偏有一天"造反派"上门抄家又获得一张他俩的结婚照——周氏、聂其璧结婚时宋美龄居然是聂其璧的傧相,为了这张照片,他俩的日子就更难过了。造反派们武断地认为,不可能是宋美龄为聂家做傧相,一定是聂其璧为拍宋家马屁,前去为宋美龄当傧相。于是大动干戈,一再审问聂其璧与宋美龄的关系。更有甚者,有的造反派连什么是傧相都不知道,还逼问她:"你跟宋美龄到底是什么关系?宋美龄为什么要送你一个冰箱?"弄得她哭笑不得。据周氏、聂其璧后人的讲述：聂其璧年轻时每周都要陪母亲曾纪芬上教堂（虹口的景灵堂），认识了也常来这里做礼拜的宋美龄与其母亲，一来二往，宋氏母女也就成了聂家的常客。聂其璧要出阁了，经聂、宋两家老太太商量，邀请尚在闺阁的宋美龄充当傧相，宋美龄也爽快地答应了，某日陪新郎新娘到花园里去拍了照，就是过了四十多年后被造反派捏在手里当"罪证"的这张照片。其实，那些造反派哪里知道，当年的聂家老太爷聂缉规是上海道台，聂家长子聂云台是上海滩的大实业家，家世远要比宋家显赫。而宋家的声威是到1927年与蒋介石联姻之后才振起来的。直到"文化大革命"后落实政策，亲戚蔡粹盎（蔡元培的女儿）从发还的抄家物资中，发现了周氏、聂其璧的结婚照（图 4.3.2），高兴地给他们送来。于是，聂其璧逢人就说："这下可好了，这张照片可以为我平反了。大家可以看到，的确是宋美龄为我做傧相嘛!"

图 4.3.2　周仁与聂其璧结婚照（后排右四为周仁，右五为聂其璧，右六为宋美龄）

1986年8月10日,中科院和上海市政府同时在中科院上海冶金研究所、上海硅酸盐研究所,为周仁铜像举行揭幕典礼,上海市市长江泽民、中科院党组书记兼副院长严东生为铜像揭幕。上科大师生代表也参加了典礼并向铜像献花,以表达对老校长的怀念。

钱伟长

钱伟长(图 4.4.1、图 4.4.2),1982 年 8 月由中共中央组织部任命为上海工大校长,1994 年 5 月由上海市人民政府任命为上大校长,直至 2010 年 7 月逝世,担任校长 28 个年头。

1913 年 10 月[①]出生于江苏无锡,父亲是位乡村小学校长。1931 年苏州高中毕业,同年考入清华大学。1935 年清华理学院

图 4.4.1　钱伟长

物理系毕业,又考入清华研究院。1937 年抗日战争全面爆发,清华内迁,为筹旅资,先去天津耀华中学任教一年,1939 年辗转至昆明西南联合大学任教。当年考取中英庚款公费留学,1940 年成行,负笈加拿大。1942 年在加拿大多伦多大学应用数学系获硕士学位、再获博士学位。1943 年元月到美国加州理工学院喷射推进研究所任研究工程

---

① 钱伟长:《八十自述》,海天出版社 1998 年版。

图 4.4.2 钱伟长与妻子孔祥瑛合影（摄于 20 世纪 50 年代）

师，1946 年回国。回国后，任清华大学教授，兼任北京大学、燕京大学教授。1949—1952 年，任清华副教务长、教授，1952—1956 年任清华教务长、教授，1956—1957 年任清华副校长兼教务长、教授，1957 年下半年受错误批判，1958 年初被撤销清华副校长职务，留任教授。1983 年履任上海工大校长，1994 年续任上大校长。2010 年 7 月 30 日，因病在上海逝世。

钱氏是我国近代力学奠基人之一，著名的科学家、教育家。1941 年钱氏和他的导师辛格教授共同完成的论文《弹性板壳的内禀理论》编入世界著名科学家冯·卡门教授 60 岁祝寿论文集。该论文集中的 24 篇论文，作者都是那个年代的知名学者，包括 20 世纪科坛巨匠爱因斯坦，钱氏是唯一来自中国的青年人。他以这篇论文为提要，开展更深入的研究，半年以后即完成了博士论文。博士论文于 1944 年在美国《应用数学季刊》上分三次连载发表，并从此成为有关薄板薄壳理论的经典文献，文中提出的关于扁壳的非线性方程组（又称为浅壳大挠度方程）于 1958 年在美国斯坦福大学举行的海军结构力学研讨会上，被与会学者称为"钱伟长方程"。这篇论文发表以后一直深受学界推崇，1977 年美国出版的力学专著《板壳渐近解》一书中，认为他的这项工作"是划时代的工作"。1982 年 5 月，在中国合肥举行的国际有限元研讨会上，主持会议的美国著名有限元专家噶拉克哈教授在会上还特别提到："钱教授关于板壳统一内禀理论的博士论文，曾经是美国应用力学研究生（包括他本人在内）在四五十年代必读的文献，他的贡献对以后的工作很有影响。"1943 年元旦，经辛格教授的推荐，钱氏到了美国加州理工学院由冯·卡门主持的喷射推进研究所工作，主要从事弹道计算和各种飞弹的空气动力学设计，曾为美国早期的人造卫星轨道计算、火箭、飞弹的设计试制做过贡献。在这个时期，他也发表了两篇重要的论文。一篇被认为是世界上第一篇有关奇异摄动理论的论文，还有一篇是在冯·卡门指导下完成的"变扭的扭转"，对于这篇论文，冯·卡门很是感慨，他说："自从喷射推进研究所成立以来，我已经顾不上基础理论方面的工作了，这篇论文也许是我一生中最后一篇关于固体力学的文章了。"他又说："这是一篇经典式的力学论文。"1946 年钱氏回国以后，在清华继续从事的一项有影响的工作是圆薄板大挠度问题的摄动解法。这个问题的非线性微分方程由冯·卡门在 1910 年提出，但长期没有找到求解的方法。钱氏在 1947 年用解析法手算做到了这一点，所达到的精度以及计算方法的巧妙令人赞叹，因此引起了国际力学界的重视，苏联学者曾经广泛地加以引用，并称之为"钱伟长摄动法"，也称之为"钱伟长法"。毋庸置疑，钱氏在 20 世纪 40 年代已奠定了他在国际应用数学与力学界的权威地位。钱氏回国后在清华大学讲授全部力学课程，并招收国内最早一批力学研究生。1951 年他在中科院创办了我国第一个力学研究室，1955 年钱学森从美国回来后，钱氏又在此研究室的根基上与钱学森合作创办了中科院力学研究所。1957 年 2 月，钱氏和钱学森、周培源等人筹建成立了中国力学学会，钱氏是首届理事会副理事长之一。1957—1959 年，钱氏在清华和中科院合作，主持了三期力学研究班，为我国培养了一批力学人才，这批人日后大都成为我国力学领域的佼佼者。1980 年，钱氏创办《应用数学和力学》季刊中、英文两种版本，1984 年又创办了上海市应用数学和力学研究所。钱氏于1955年当选为中科院首批学部委员，1956年，当选为波兰科学院院士。

钱氏为我国解放后第一个科技发展规划，即《1956—1967年科学技术发展远景规划》(简称十二年科技规划)的制订做出了重要贡献。规划工作由周恩来总理直接领导，副总理陈毅、李富春、聂荣臻主持，召集了来自全国23个单位的787名专家、学者，集中在北京西郊宾馆，费时近半年(1955年秋至1956年春)，确定了57项任务。当工作规划领导小组向国务院汇报的时候，周恩来提出要从这57项任务中找出特别紧迫的需要国务院支持的项目。规划小组又另外组织了一个"紧急措施小组"，这个小组成员包括钱学森、钱伟长、钱三强等人。据钱伟长回忆说，当初是他最先提出要重点发展原子弹、导弹、计算技术、半导体、自动化、电子学等六项任务，一开始遭到大多数与会者的反对，这些人认为应该重点发展基础学科，后来经过激烈辩论，尤其是在得到钱学森、钱三强的大力支持后，规划最终确定把这六项任务作为重点发展项目。中央决定，原子弹和导弹作为国防项目，由国家另行安排，后四项形成文件，称作为"四大紧急措施"，经由国务院决定，在中国科学院新建计算技术、自动化、电子学等三个研究所，在原物理研究所新建半导体研究室。钱伟长也受命筹建自动化研究所。当规划工作结束后，周恩来总理特别提出了钱学森、钱伟长和钱三强对于这次规划工作的贡献，称他们为"三钱"。从此，"三钱"之名享誉九州，成为国人仰慕的科学界"偶像"。

钱氏是我国要实现四个现代化的倡导者之一。在邓小平1977年提出了"实现四个现代化""改革开放"的号召以后，他以空前高涨的热情拥护邓小平的主张，他不顾车马劳顿，走遍祖国山河，深入少数民族、边远地区，广泛地做调查研究，写了许多视察报告，还做了几百场"关于实现四个现代化问题"的报告，阐述了四个现代化的内容、必要性和可能性、将对祖国的社会生活和经济带来的变化等各个方面，受到听众极大的欢迎。首次报告是1978年7月在河南安阳市做的，当时他正在那儿主持一个磁疗机鉴定会,遂接受安阳市委的邀请,做了这个报告。以后则一发不可收拾,当即受到郑州铁路局、邯郸市、河北省的石家庄市委、保定市委的邀请,作同样的报告。听讲人数一次比一次多。1978—1983年间分别在全国(除了青海和西藏外)各省、市、自治区180个城市作了内容大体相同的报告,听讲人数累计30余万之众,虽然报告并无写就的文章,有些省市在会后按录音整理成稿分发,广为宣传。在北京,曾在中共中央党校、新华社、人民日报社、中共中央对外联络部、中国社会科学院、中国人民大学、全国政协机关等单位讲过十几次。在新疆,曾利用考察水资源的机会,在乌鲁木齐等八个地区作了这个报告,报告时通常用两个会场,一个用普通话,由钱伟长讲,另一个会场有四位少数民族语言翻译轮流分段传达。所到最偏僻的城市是地处陕甘川边界上的四川小县南屏县,在县委礼堂作了这一报告。1980年10月,钱伟长率团参加香港国际中文计算机学术会议中,受新华社香港分社社长邀请在该社作了这个报告,听众也有800人之多。2007年4月,时任中共上海市委书记习近平来到上大延长路校区乐乎楼,亲切看望了钱氏,向他表示诚挚的问候和美好祝愿。习近平充满敬意地对钱氏说:"当年,您老到河北省做关于实现四个现代化的报告,我当时是一个县的书记,我到会场去聆听过您的报告。"习近平还说:"您老也是我国要实现四个现代化的倡导者之一。"

钱氏是一位杰出的社会活动家,中国民主同盟的卓越领导人,中国共产党的亲密朋友。他是中国人民政治协商会议第五、第六届全国委员会常委和第六、第七、第八、第九届全国委员会副主席,中国民主同盟第五、第六、第七届中央委员会副主席和第七、第八、第九届中央委员会名誉主席,第一、第四届全国人民代表大会代表。1985—1990年任中华人民共和国香港特别行政区基本法起草委员会委员,1989—1993年任中华人民共和国澳门特别行政区基本法起草委员会副主任委员。他还曾担任过中国和平统一促进会会长和中国海外交流协会会长。

钱氏是一位虚怀若谷的爱国主义者。1931年他以中文、历史双百分的成绩考入清华中文系,到校报到的第三天即爆发九一八事件,他决然弃"文"从"理",转入物理系,就为"要造枪支大炮",立志为国防建设作贡献。1935年他在毕业纪念册上留言:"在国难严重的时候我们进了清华,现在我们快要离开这里了,可是国家的耻辱还是依旧,伟长!我在热烈地希望来振兴这喘残的民族。"他在一二·九抗日救亡运动中是清华"民族解放先锋队"发起人之一,曾与同学一起蹬着自行车从北京到南京,一路上宣传抗日。1939年考取公费留学,拿到出国签证,发现上面有日本国的签章(允许赴欧中途上日本岛),他毅然把护照丢入上海黄浦江,宁愿不出国。1945年抗日战争胜利后,他告别极其赏识他的冯·卡门和优裕的生活,义无反顾回到祖国。1947年的旧中国民不聊生,他家的生活也陷于困境,美国喷射推进研究所欢迎他回去,还可以带家眷,他去美国驻华使馆办签证,办证人向他提问:一旦中美开战,你能站在美国一方吗?他马上回答:"NO!"签证没办成。1949年解放北京的炮声还在轰鸣,他已迫不及待地骑着自行车到城外去见解放军领导人,报告清华的情况。从1957年反右运动开始,直至1976年"文化大革命"结束,近20年间,虽然还是可以上课,但他的科学论著无法公开发表,一切表明其学术地位与社会地位的活动被限制。尽管身处如此境地,他的科研工作却从未停息过,科学园地成了他忘却痛苦、重拾信心的"精神家园"。他在白天被迫从事繁重的体力劳动,或是接受"造反派"的批斗,晚间则自我沉浸于科学计算之中。1971年"林彪事件"以后,他的境遇有所好转,周恩来总理开始交付他"要用外国人听得懂的逻辑,讲得合情合理",接待外国来访者。1972年10月他还参加了我国科学家代表团,访问了美、英、瑞典、加拿大等四国,这是中美邦交正常化后第一个访问美国的政府代表团。对于个人遭遇,他是这样认为的:"为了我们的民族,我们个人吃点亏不要后悔,不值得后悔。我们历史上有很多英雄人物靠这么一点精神,为我们中华民族立了大功绩!这就是公而忘私,要是为私的话就成为历史的罪人。……我们的先哲对我们的教育是很多的,譬如像范仲淹那句'先天下之忧而忧,后天下之乐而乐'的名言就是很精彩的！换句话说，就是我们要为天下着想，这个天下现在就是中华民族，为党的事业着想，其他个人地位应该放在第二位。"钱氏就是这样一位——始终把对祖国的忧患之情付于为国为民谋取利益的实际行动中——爱国者的杰出代表。

钱氏是上大师生心目中"永远的校长"。钱氏生前有二三十个头衔，但他最看重的是"上大校长"这个头衔。他去世后，他的儿子钱元凯在上大召开的追忆会上说："我父亲生前最在乎的就是这个校长。""在他去世前的27年里，他把上海工大及上大的师生当作自己的亲人，当作自己的儿女，他的家就在上大。"曾任工大常务副校长的徐匡迪回忆说，钱先生到了工大以后，在学校里有一项教学活动是亲力而为持续了好几年的，就是听老师讲课。他听课一般听一节课，听完以后就提出意见，学校专业门类很广，课程很多，他会有选择地听，一年听几十节课，他都能提出一些意见来。钱氏的秘书回忆说，后来国务繁忙，先生很少下去听课了，但他在学校时，总是喜欢到处走，到处看，也会不时地叫助手安排一些人来谈话，谈话对象有校、院、系领导，有普通教师，也有学生干部，谈话内容很广泛，既谈学校里的事，也谈个人的工作和思想。学校的师生都知道，钱氏当校长，学生在他心目中占有最重的分量。他总想着，要把每一个学生都塑造成"一个全面的人，是一个爱国者，一个辩证唯物主义者，一个有文化艺术修养、道德品质高尚、心灵美好的人；其次，才是一个拥有学科、专业知识的人，一个未来的工程师、专门家"。为此，他一生都在为创办一所一流的综合性大学而努力。在上大，他亲自绘制新校区规划图，要给学生盖最好的校舍；他倡导学分制、选课制、短学期制，要为学生制定最自由的学习制度；他要求教师必须教学、科研双肩挑，首要的事是教会学生自学，要为每一个学生的终身发展担当责任。他的喜怒哀乐系于学生的每一步成长过程，学校有两个大会，他是一定要参加的，一个是新生开学典礼，一个是毕业生典礼，按照他的说法，这关乎"学生人生的大事"。每次毕业典礼，他希望亲手把一份份毕业证书递到学生手里。学校规模大，毕业生多，发证的时间很长，但他总是精神饱满，脸上始终洋溢着笑意，是那种很惬意的笑。他每发一份证书，就要和学生握一下手，有时候，他会跟边上的人说上一句："嗯！这个学生手心出汗，手冰凉，那是因为身体虚弱，缺少锻炼。"爱生如子，溢于言表。学校每年要拍毕业照。早些年，拍照大多安排在延长校区，若不下雨就在大草坪，若下雨就在体育馆。钱氏只要在学校，就会和学生们一起合影。有一次拍毕业照，在大草坪集合学生队伍时没有下雨，等全站好队，就等校领导到位，不料，领导还未到场却下雨了，负责这次拍摄工作的某处长心想："雨不大，那么多人，排队也不易，队伍就不要散了，等一等或许雨就停了。"钱氏从住所（乐乎楼）楼上下来，正要出门去大草坪，一看正下着雨，就停住脚步，可再一看，学生们正站在雨中，等他合影，顿时勃然大怒，厉声喝道，谁让学生们站在雨中的？是谁？要撤他的职！把个年轻的处长吓得赶快把队伍拉到了体育馆。钱氏怕学生出事，最不愿意看到学生因年轻犯错而受到过于严厉的处罚。学校里有两处钱氏特别喜欢逗留的地方，一个是图书馆，一个是校园里的"泮池"。他一贯强调必须把图书馆办好，主张教师和学生多利用图书馆，养成自由研究、自由学习的习惯。他每次到图书馆，都要去翻看阅览室进馆人员登记册，数一数每天进馆看书的教师有多少、学生有多少，人多了，他很开心，人少了，他会恼火。上海工大的老人都记得，他曾凭一己之力，为学校图书馆一下子争取到近3 000种外文原版科技期刊，涵盖的学科非常广泛，一度成为国内高校中拥有外文期刊种类最丰富的大学。事情的原委要追溯到20世纪50年代。1956年国家制定了我国第一个"十二年科技发展规划"，规划确定了57项任务，其中第57项是"科学技术情报的建立"。该项任务中确定的具体办法是"筹建专门机构，组织力量，从事摘录全世界科学技术期刊上的论文，用快报和文摘的形式编印出版"。据钱氏讲，对于这项任务，他是向周恩来总理出了很好的主意的。他建议，考虑到国家外汇有限，由大学、研究院所各自到国外购置大量外文期刊不现实,不如由国家出面,成立一个专门的出版机构,通过驻外机构购买外文期刊,买回来后以快报或文摘的形式编印出版。周总理同意这个建议,并委托他具体筹办这件事,钱氏就把这件事落实到了上海的光华出版社。若干年过去了,他到了工大,就又想起这件事。他亲自出面和光华出版社联系,请他们每年把所有已经拆页影印的期刊包括前几年的,再按原本装订起来(本来是要毁掉的),以很低廉的价格卖给工大图书馆。光华出版社出于对他的尊重和感激,照他的意思做了。虽说这件事仅做了几年,没有能延续下来,但足以载入上大图书馆建设史册。在上大,还有一个钱氏很喜欢的地方,就是"泮池",这个 80 亩水面的人工湖,是按照他的设计要求挖掘构造的,名字也是他起的。在他本来的设想中,在湖边上再建一幢"泮宫",用作学生与教师活动中心。就如"泮池""泮宫"的典故所寓,寄托着钱氏对学生的关怀与祝福,他希望莘莘学子在此意蕴的熏染之下,个个才气横溢,茁壮成长。有了泮池后,他指令后勤部门在湖里养了很多鱼,包括大群锦鲤鱼,还从外地引进了天鹅、鸳鸯。师生们在工间课余,徜徉湖边,观鱼赏禽,一派人与自然的和谐景象。他的挚友费孝通先生专门为此绝佳景观题字:"泮池观鱼。"在钱氏最后的两三年,人们已经很少看见他出现在学校的公众场合,但在天气比较好的日子,师生们倒也不时看到他出现在泮池畔,戴着那顶大家很熟悉的浅色的软沿帽,穿着那件大家很熟悉的枣红色的夹克衫,端坐在轮椅上,凝视着湖面。这时候,云淡风轻,花影闲照,天鹅、鸳鸯在水面轻轻地游弋,锦鲤鱼在水下浅浅地潜行,湖面泛起小小的涟漪,湖边的杨柳依依地和它们亲昵,一切都显得那么宁静,师生们走过老人身边,都把脚步放得轻轻地,没有像以往那样,雀跃地簇拥在他身边,向他问好,和他合影,大家都不忍心去打扰他。此时此刻,老人似乎把自己的整个身心都融化进这所学校,完全没有一点自我。

　　钱氏的这一生,在中国刻下了一个令国人难以忘却的历史影像,在上大更是留下一个永恒的记忆。在他古稀之年选择来到上海,走进了上大,他用28年的晚年岁月实现着自己一生的理想。当几乎一个世纪的思索和奋斗停止的时候,他把他的魂落在了上海①,把他的理想和一条没走完的路留给了上大人。今天,上大人正在为早日实现他的理想,沿着他所确立的发展道路奋勇向前。

---

① 钱伟长、孔祥瑛(2001年1月11日去世)夫妇落葬于上海市奉贤区滨海古园。

附录一
上海大学校训

自强不息；

先天下之忧而忧，后天下之乐而乐。

"自强不息"源自《周易·乾》："天行健，君子以自强不息。"钱伟长甫任上海工大校长，即提出要以"自强不息"作为校训，他说："一个学校要有点精神，我们用以治学、治教、治校，建设和形成我们自己的工大精神。"他还说："我们在学校中要为学生创造一种积极好学、奋发向上的气氛，让他们在这种自强不息的气氛中成长，将来到社会上就有勇气去竞争、去拼搏，去创造成绩为国家多作贡献。"1987年11月，他为学校手书"自强不息"。1988年，学校党政领导班子联席会议讨论决定，确定以"自强不息"为校训。1994年四校合并组建为上海大学以后，广大师生认同以"自强不息"为校训，并在校前广场勒石以志。

"先天下之忧而忧，后天下之乐而乐"出自宋·范仲淹《岳阳楼记》。1987年5月，钱校长在上海工大教学工作会议上作报告，讲到知识分子的责任时，他说："我们的先哲对我们的教育是很多的，譬如像范仲淹那句'先天下之忧而忧，后天下之乐而乐'的名言就是很精彩的！换句话说，就是我们要为天下着想，这个天下现在就是中华民族，为党的事业着想，其他个人地位应该放在第二位。"2005年，钱校长在上海大学研究生毕业典礼的讲话中说："今天你们毕业了，快要离校了，我有几句话告诉你们，这就是先天下之忧而忧，后天下之乐而乐。天下就是老百姓，百姓之忧，国家之忧，民族之忧，你们是否放在心上？先天下之忧而忧，忧过没有？后天下之乐而乐，乐过没有？我希望你们真正能乐，忧最终能成为乐！"他强调说："上海大学的校训光自强不息四个字还不够，还要加上先天下之忧而忧，后天下之乐而乐。"从此，学校把"先天下之忧而忧，后天下之乐而乐"作为校训的重要组成部分。

附录二
上海大学沿革示意图

附录二 上海大学沿革示意图

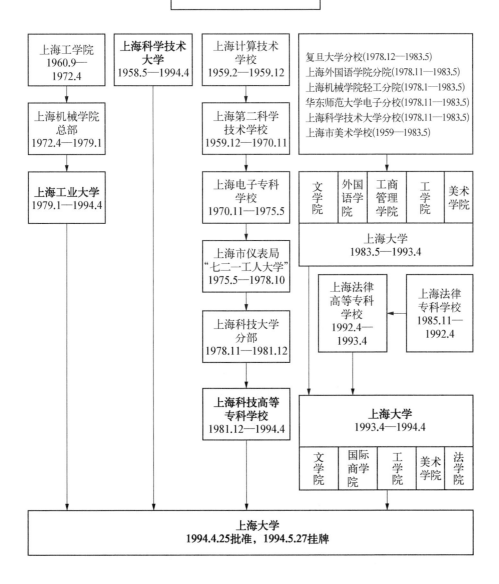

后　语

编著这本薄薄的书也是一项异常艰巨的工作,学校历史源远流长,几经变更与整合,沿革错综复杂,人事更替频繁,更难的是要从纷繁的历史痕迹中捕捉到一所大学经历不同的年代走向时代前列蕴涵的必然轨迹。

本书编著过程中主要参考了上海大学出版社出版的《20世纪20年代的上海大学》《上海大学志(1994—2004)》和内部资料《上海工业大学志》《上海科学技术大学志(1958—1994)》《上海大学志(1983—1994)》《上海科技高等专科学校志(1959—1994)》《世纪空间——上海市美术专科学校校史(1959—1983)》。因此,本书也包含了参与上述专志编修工作和老上大(20世纪20年代的上海大学)史料收集工作的所有人员的心血。另外,在本书编著过程中自始至终得到上海大学档案馆徐国明馆长、洪佳惠馆员和上海大学出版社傅玉芳编审的大力支持和帮助。在此,向上述单位和同志致以诚挚的谢意!

诚如上文所述,由于学校几经变更与整合,加上编者水平有限,故而本书中疏漏及不当之处在所难免,恳请广大校友和读者不吝赐教。

编　者

2014年10月初稿

2018年12月修订